Konfliktmanagement

Herausforderung für Projektmanager

von
Christiaan Eckhart

Tectum Verlag
Marburg 2003

Eckhart, Christiaan:
Konfliktmanagement. Herausforderung für Projektmanager /
von Christiaan Eckhart
Marburg: Tectum Verlag, 2003
ISBN 978-3-8288-8519-6

Tectum Verlag
Marburg 2003

Inhaltsverzeichnis

Abkürzungsverzeichnis

Abb.	Abbildung
bspw.	beispielsweise
bzgl.	bezüglich
bzw.	beziehungsweise
ebd.	ebenda
Hrsg.	Herausgeber
i.S.d.	im Sinne der, des, dieses
m.E.	meines Erachtens
o.V.	ohne Verfasser
u.a.	unter anderem
u.U.	unter Umständen
z.B.	zum Beispiel
z.T.	zum Teil

Abbildungsverzeichnis

Tabellenverzeichnis

1 Einleitung

Konflikte waren in der Antike und im Mittelalter überwiegend von philosophischem Interesse oder fanden ihre Ausdrucksformen im Kampf und Krieg.[1] Erst mit Beginn des 20. Jahrhunderts wurde das Konfliktphänomen zunehmend wissenschaftlich bearbeitet. Der Konflikt wurde als den sozialen Strukturen immanent betrachtet und man erkannte die negativen wie positiven Funktionen des sozialen Konflikts. Soziologen betrachteten den Konflikt als Katalysator für gesellschaftliche Veränderung und Fortschritt.[2] Mitte des 20. Jahrhunderts wurden die Veränderungskräfte des Konflikts vernachlässigt und es verstärkte sich zunehmend das Bild, welches Konflikt mit Krankheit und individuellem Fehlverhalten gleichsetzte.[3]

Wissenschaftliche Disziplinen wie die Soziologie, Organisationspsychologie, Politologie, Personalwirtschaftslehre, die Arbeitswissenschaft und die Organisationslehre versuchen jeweils aus ihrem Focus den Konflikt zu ergründen.[4] Dabei hat die Frage was ein Konflikt ist und was er nicht ist, unter den Wissenschaftlern selbst viele „Konflikte" hervorgerufen.[5] Diese Interdisziplinarität hat zur Folge, dass durch die unterschiedlich entstandenen Begriffe und Betrachtungsweisen bis heute keine einheitliche Konflikttheorie vorliegt, die es erlauben würde, klare Aussagen über Ursachen- und Wirkungszusammenhänge zu treffen. Dies wiederum bereitet Schwierigkeiten für ein Konfliktmanagement im Sinne einer Ziel-Mittel-Beziehung.[6]

Im Bereich der Wirtschaftswissenschaften wurde die Konfliktproblematik überwiegend für den volkswirtschaftlichen Bereich betrachtet. Die Relevanz von Konflikten in der Betriebswirtschaftslehre wurde dagegen lange vernachlässigt, da sie im oft verwendeten Modell des „homo oeconomicus" von vornherein ausgeschlossen sind. In diesem Modell schließt der Grundsatz der vollständigen Information Unsicherheit aus und organisatorische Phänomene werden nicht betrachtet, da die Organisation als Problembereich nicht existiert.[7] Krüger kritisierte deshalb auch die weitgehende Kon-

1 Vgl. Oechsler, W., Konflikt und Konfliktmanagement, Augsburg 1974, S. 4.
2 Vgl. Coser, L., A., Theorie sozialer Konflikte, Berlin 1972, S. 14ff.
3 Vgl. Coser, L., A., a.a.O., S. 20ff.
4 Vgl. Jeschke, B., G., Konfliktmanagement und Unternehmenserfolg, Wiesbaden 1993, S. 10.
5 Vgl. Bosshard, K., Konflikt und Konfliktmessung im Unternehmen, München 1988, S. 2.
6 Vgl. Braun, G., Das liberalistische Modell als konzeptioneller Bezugsrahmen für Konfliktanalyse und Konflikthandhabung, in: Dlugos, G. (Hrsg.), Unternehmungsbezogene Konfliktforschung, Stuttgart 1979, S. 91.
7 Vgl. Braun, G., a.a.O., S. 90.

8

fliktfreiheit betriebswirtschaftlicher Ansätze und das Fehlen einer einheitlichen betriebswirtschaftlich orientierten Konflikttheorie.[8]

Obwohl es einige Ansätze zur Erklärung der Wirkung betrieblicher Konflikte gibt, dominiert das Bild negativer Konfliktwirkungen und die daraus folgende Konflikthandhabungsform der Konfliktminimierung.[9]

Die vorliegende Arbeit knüpft an die zwei Prinzipien des liberalistischen Modells der Konflikthandhabung an, welches u.a. von Dahrendorf, Popper und J.St. Mill vertreten wurde.[10] Das erste Prinzip geht von der Allgegenwärtigkeit von Konflikten und damit ihrer Unaufhebbarkeit aus. Das zweite Prinzip setzt an vier verschiedenen Konflikthandlungsmöglichkeiten an, erstens sie zu lösen (unmöglich), sie frei eskalieren zu lassen (möglich, aber unerwünscht, weil wenig erfolgreich), sie zu unterdrücken (möglich, aber unerwünscht, weil wenig erfolgreich), und sie zu regeln (möglich und erwünscht, weil erfolgreich). Denn durch die Regelung von Konflikten können aus negativen Auswirkungen positive werden.[11]

Dieses grundlegende Konflikthandhabungsmodell wird als Spezialisierung dessen auf die Unternehmensebene übertragen und wiederum als Spezialisierung auf die nächst kleinere Organisationsform des Projekts.[12]

Die Organisationsform des Projekts nimmt in den Unternehmen kontinuierlich zu, es gibt wohl kaum eine andere Arbeitsform, die sich momentan mit vergleichbarer Geschwindigkeit verbreitet. Unternehmen leben heute im Zeichen eines permanenten technologischen, wirtschaftlichen und sozialen Wandels. Um die immer komplexer werdenden bereichsübergreifenden Wandlungsprozesse bewältigen zu können, hat sich das Projektmanagement in den letzten Jahren zu einer strategisch wichtige Kernkompetenz entwickelt. In der Realität werden die vereinbarten Ziele eines Projektes jedoch häufig nicht erreicht. Konkret heißt das Zeitverzögerungen, Budgetüberschreitungen, Leistungsdifferenzen oder auch das Scheitern des ganzen Projektes. Die Gründe hierfür sind vielfältig. Mehrere Autoren, wie Litke, Kellner, Brunschede etc. ordnen den größeren Teil der Ursachen nicht der Technik, sondern dem „Human Factor" zu.[13] Dieser ist nach Kellner in jedem Projekt das größte Risiko für den Erfolg und die größte Herausforderung für das Projektmanagement.[14]

8   Vgl. Krüger, W., Grundlagen, Probleme und Instrumente der Konflikthandhabung in der Unternehmung, Berlin 1972, S. 16.
9   Vgl. Bader-Müller, P., Konflikt und Leistung, München 1977, S. 3.
10   Vgl. Braun, G., a.a.O., S. 97ff.
11   Vgl. ebenda, S. 99ff.
12   Vgl. ebenda, S. 101.
13   Vgl. Liska, F., Faktor Mensch im Projekt, in: Reschke, H.; Schelle, H., (Hrsg.), Beiträge zum Projektmanagement-Forum 91, München 1991, S. 213.; Litke, Hans-D., Projektmanagement, Methoden, Techniken, Verhaltensweisen, München 1993, S. 15.
14   Vgl. Kellner, H., Projekte konfliktfrei führen, München 2000, S. 7.

Insbesondere fehlt für das Projektmanagement ein Konfliktmanagement. Nicht erkannte und deshalb nicht bearbeitete Konflikte können Störungen und Krisen im Projekt verursachen; werden sie kategorisch vermieden, drohen kreative Prozesse zu stagnieren, die Gruppenprozesse einzuschlafen und die Ergebnisqualität des Projektteams zu sinken.[15]

Doch wer übernimmt konkret die Aufgabe des Konfliktmanagement in Projekten? Obwohl natürlich alle Projektbeteiligten gemeinsam für den Erfolg einstehen, wird der Projektleitung eine zentrale Rolle zugeschrieben. Systematisch und konstruktiv bearbeitete Konflikte entfalten einen zeitlichen, qualitativen und lösungsorientierten Nutzen. Konfliktmanagement stellt als Querschnittsfunktion eine Führungsaufgabe dar und ist damit ein Erfolgsfaktor im Projektmanagement.

1.1 Zielsetzung

Die Motivation zu dieser Arbeit entstand aus Gesprächen mit Projektverantwortlichen und Projektbeteiligten, aus eigener Projekterfahrung und der Feststellung, dass Konfliktsteuerung in Projekten eine vernachlässigte Managementkompetenz ist. Vernachlässigt sowohl in der Unternehmenspraxis als auch in der entsprechenden Literatur.

Ziel der vorliegenden Arbeit ist es, generelle theoretische und empirische Erkenntnisse der Konfliktsteuerung speziell auf die Arbeitsform der Projektarbeit zu übertragen, um damit ein systematisches Konfliktmanagement für das Projektmanagement heraus zu arbeiten. Entscheidungskriterien sind dabei, die produktive Wirkungen von Konflikten zu nutzen, die Handlungsfähigkeit des Projektleiters und die Arbeitsfähigkeit des Projektteams zu sichern.

1.2 Aufbau der Arbeit

Der Aufbau dieser Arbeit folgt dem Ablauf der Spezialisierung des Konfliktmodells bis in das Projektmanagement.

Weil die bearbeitete Thematik in der Literatur bisher kaum Berücksichtigung findet und um nach einem möglichen Konzept des Konfliktmanagements für das Projektmanagement zu suchen, muss als Voraussetzung für den weiteren Verlauf der Arbeit eine Grundlage der allg. Konfliktthematik dargestellt werden, welche Inhalt des zweiten Kapitels ist.

Im dritten Kapitel wird diese Grundlage für die Entwicklung eines Konfliktmanagementansatzes weitergeführt und die Aufgaben des Konfliktmanagers erläutert. Als zentrales Gestaltungselement wird hierfür der Konfliktwürfel eingeführt.

---

15   Vgl. Kratz, H.; Sundermeier, R., Konflikte in Gruppen, Chance zur Leistungssteigerung und zum Lernen oder Blockade im Arbeitsprozess, in: Chalupsky, J.; u.a., Der Mensch in der Organisation, Gießen 2000, S. 179.

Im vierten Kapitel wird das Konfliktmanagement in das Projektmanagement übertragen und anhand konfliktrelevanter Bereiche wie dem Führungsstil, die Entwicklung des Projektteams, die Projektkultur und die Auswirkungen von spezifischen Projektkonflikten auf den Projekterfolg erläutert.

Gegenstand des fünften Kapitel, ist die konkrete Anwendung des Konfliktmanagements als Führungsaufgabe. Aus den Gestaltungsansätzen des Konfliktwürfels werden präventive und situative Strategien und Methoden abgeleitet und beispielhaft dargestellt.

Im letzten Kapitel der Arbeit werden die Stärken und Schwächen des Konfliktmanagements für die Projektarbeit gewürdigt und mit einem Fazit abgeschlossen.

2   Grundlagen zur Konfliktthematik

Das Orangen-Beispiel soll die grundlegende Problematik der Konfliktwirkung und Konflikthandhabung veranschaulichen:

Zwei Schwestern streiten sich um eine Orange. Beide wollen sie unbedingt haben.

Wahrscheinlich setzt sich die stärkere und schnellere durch. Als Folge wird die Verliererin sich bei der nächsten Gelegenheit revanchieren. Der Konflikt gewinnt an Dynamik und eskaliert. Die andere Variante, ist ein Kompromiss zwischen beiden, sie teilen „fair". Dabei könnte folgendes geschehen: Die eine isst ihre Hälfte und wirft die Schale weg. Die andere wirft dagegen das Fleisch weg und verwendet die Schale, weil sie einen Kuchen backen möchte.[16]

Das soziale Zusammenleben bedingt Konflikte, sie sind Bestandteil unseres Lebens. Und somit sind Konflikte auch Bestandteile der organisatorischen Wirklichkeit.[17] In der Literatur gibt es eine Fülle von unterschiedlichen Definitionen zum Thema Konflikt, entstanden durch den jeweiligen Fokus der verschiedenen wissenschaftlichen Disziplinen. Die gängigste Definition kommt aus der lateinischen Übersetzung. Hier wird der Begriff Konflikt mit „configere" als Zusammenstoßen und Streiten verstanden.[18] Glasl beschreibt dazu einige wissenschaftliche Definitionen, welche im folgenden kurz dargestellt werden sollen, um die Vielschichtigkeit des Konfliktphänomens zu verdeutlichen. Nach Berlew ist ein Konflikt dann gegeben, wenn man untereinander Uneinigkeit hat. Diese breite Umschreibung ist aber theoretisch wie praktisch unbrauchbar, denn danach würde jeder mit jedem im Konflikt leben, weil es doch recht unwahrscheinlich ist, mit auch nur einem einzigen Menschen absolute Einigkeit zu besitzen.[19] Eine umfassendere Definition von Rüttinger besagt, dass, soziale Konflikte Spannungssituationen sind, in denen zwei oder mehrere Parteien, die voneinander abhängig sind mit Nachdruck versuchen, scheinbar oder tatsächlich unvereinbare Handlungspläne zu verwirklichen und sich dabei ihrer Gegnerschaft bewusst sind. Hier bleibt allerdings die Frage nach dem Begriff der Spannungssituation und der Annah-

---

16 Vgl. Kratz, H.; Sundermeier, R., Konflikte in Gruppen, a.a.O., S. 187.
17 Vgl. Spisak, M., Konflikte in Organisationen, in: Steiger, Th.; Lippmann, E., Handwörterbuch angewandte Psychologie für Führungskräfte, Berlin 1999, S. 319.
18 Vgl. Grunwald, W., Konflikt- Konkurrenz- Kooperation: Eine theoretisch-empirische Konzeptanalyse, in: Grunwald, W.; Lilge, H., Kooperation und Konkurrenz in Organisationen, Bern 1982, S. 52.
19 Vgl. Glasl, F., Konfliktmanagement, Ein Handbuch für Führungskräfte, Beraterinnen und Berater, Bern 1999, S. 13.

me, dass beide Parteien die Situation übereinstimmend als eine Gegnerschaft bewusst wahrnehmen sollen, unbeantwortet.[20]

2.1 Konfliktbegriff

Im Rahmen dieser Arbeit soll eine brauchbare Definition herangezogen werden welche mehrere Kriterien erfüllen muss. Sie soll grundlegend zwischen Konflikt und Nichtkonflikten unterscheiden, der Erklärung der Konfliktentstehung dienlich sein und Ansatzpunkte für die Gestaltung der Konflikthandhabung bieten.

> *Ein sozialer Konflikt ist eine Interaktion zwischen Aktoren (Individuen, Gruppen, Organisationen usw.), wobei mindestens ein Aktor Unvereinbarkeiten im Wahrnehmen, Denken, Vorstellen und / oder Fühlen und / oder Wollen mit einem anderen Aktor in der Art erlebt, dass im Realisieren seiner Ziele eine Beeinträchtigung durch den anderen Aktor (Aktoren) erfolgt.*[21]

Unter Interaktionen werden wechselseitige Beziehungen verstanden, die sich über unmittelbare oder mittelbare Kontakte zwischen Personen ergeben, d.h. die Summe dessen, was zwischen Personen in Aktion und Reaktion geschieht. Diese lassen sich in formale und optionale unterteilen. Die formalen Interaktionen ergeben sich vorwiegend aus den Erfordernissen und Zusammenhängen der formal geplanten Struktur und den formalen Arbeitsabläufen in einer Organisation. Die optionalen Interaktionen lassen sich überwiegend auf die in den persönlichen Bedürfnissen, Einstellungen und Zielen begründeten Verhalten mit anderen Organisationsteilnehmern zurückzuführen.[22] Die Interaktion kann damit als ein konstitutives Merkmal für die Begründung eines Konfliktes zu bewerten werden. Ob das Erleben einer Unvereinbarkeit objektiv gegeben ist, lässt sich nicht überprüfen, es genügt aber, dass nur einer der Aktoren die Unvereinbarkeit als notwendige Bedingung wahrnimmt. Zur Unvereinbarkeit muss als hinreichende Bedingung für einen Konflikt auch das Erleben einer Beeinträchtigung im Realisieren eigener Ziele, Interessen oder Gefühlen hinzukommen. Ohne das Erleben dieser Beeinträchtigung, kann von einem sozialen Konflikt nicht gesprochen werden.[23]

---

20 Vgl. ebenda, S. 14.
21 Vgl. Glasl, F., a.a.O., S. 15.
22 Vgl. Frey, S.; Frenz, G., B.; Frenz, H.-G-, Analyse von Interaktionenen, in: Schuler, Organisationspsychologie, Bern 1993, S. 353ff.
23 Vgl. Glasl, F., a.a.O., S. 15.

2.2 Konflikt und seine Abgrenzungen

Um Konflikte von Nichtkonflikten abgrenzen zu können, dient die untenstehende Abbildung So werden z.b. eine Meinungsdifferenz, ein Widerspruch oder ein Missverständnis lediglich als eine Unvereinbarkeit im kognitiven Bereich erlebt. Für einen sozialen Konflikt fehlt die Beeinträchtigung im Realisieren einer beliebigen Absicht. Die Unvereinbarkeit der Gefühlsgegensätze und der Ambivalenz (lt. Mehrdeutigkeit) bezieht sich auf den emotionellen Bereich. Auch hier kann aus den selben Gründen nicht von einem Konflikt gesprochen werden.

Tab. 1: Die Unterscheidung von Konflikten und Nichtkonflikten

Unvereinbarkeit erlebt im:	Denken	Fühlen	Wollen	Realisieren
Logischer Widerspruch				
Meinungsdifferenz	X			
Missverständnis	X			
Semantische Unterschiede	X			
Gefühlsgegensätze		X		
Ambivalenz		X		
Antagonismus			X	
Inzident				X
Spannung	X	X		
Krise	X	X	X	
Konflikt	X und/oder	X und /oder	X und	X

Quelle: Vgl. Glasl, F., Konfliktmanagement, Bern 1999, S. 17.

Im Zusammenhang mit der Eingrenzung des Konfliktbegriffes wird interessanterweise der Begriff der Konkurrenz aus dem lateinischen „concurrere" ähnlich dem Konfliktbegriff mit Zusammenstoßen und Zusammentreffen übersetzt.[24] Dies lässt auf eine Gemeinsamkeit schließen, welche Schwierigkeiten bei der Abgrenzung von Konflikt und Konkurrenz bereitet. Die Vielschichtigkeit und die enge Beziehung zwischen beiden Begriffen, spiegelt sich in unterschiedlichen Erklärungskonzepten wieder. Hier soll das Modell verwendet werden, dass Konkurrenz als eine Subkategorie von Konflikt versteht.[25] Das bedeutet, Konkurrenz ist stets direkt oder indirekt konfliktär, aber nicht jeder Konflikt ist kompetitiv. Als wichtiges Abgrenzungskriterium zwischen Konflikt und Konkurrenz, lässt sich die Richtung der Aktivität heranziehen. Während Konflikte gegnerorientiert sind, steht für die Konkurrenz z.B. die Erlangung einer knappen Ressource im Vordergrund, sie ist damit also ziel- bzw. objektorientiert. Im Vordergrund deshalb, weil um knappe Ressourcen zu erlangen langfristig auch Konkurrenten ausgeschaltet werden müssen. Also ist hier der Konflikt Mittel zum Ziel. Mit

---

24   Vgl. Grunwald, W., Konflikt-Konkurrenz-Kooperation, a.a.O., S. 52.
25   Vgl. ebenda, S. 62ff.

14

zunehmender Intensität von Konkurrenz, nimmt die ursprüngliche Zielorientierung ab und die Gegnerorientierung zu.[26]

2.3 Problematik der Konfliktursachen

Wie eingangs beschrieben beschäftigen sich verschiedene wissenschaftliche Disziplinen mit der Konfliktthematik und ihren Ursachen. Mangels einer einheitlichen Konflikttheorie und eines einheitlichen Konfliktbegriffes ist auch die Konfliktentstehung, also die Frage nach der Ursache bzw. Ursachen, von der jeweiligen Betrachtungsweise abhängig.

2.3.1 Konfliktentstehung

In der Literatur finden sich zwei Strömungen, die von unterschiedlichen Ansätzen ausgehen, um die Konfliktentstehung zu erklären. Im ersten Ansatz wird die Konfliktquelle überwiegend außerhalb der Konfliktpartei, im zweiten überwiegend innerhalb der Konfliktpartei bzw. in der Konfliktperson angesiedelt.

Im ersten Fall liegen die Gründe in der Struktur von Organisationen selbst. Das betrifft die Bereiche der Aufbauorganisation wie z.b. die mangelhafte und mehrdeutige Funktionsumschreibung bzgl. Aufgaben, Kompetenzen und Verantwortung der Mitarbeiter, oder die Prozessorganisation mit mehrdeutigen und widersprüchlichen Aufträgen, Arbeitsanweisungen und Vorschriften. Dazu gehören auch die begrenzten Ressourcen einer Unternehmung, die zu Verteilungskämpfen führen können. Mit dieser Betrachtungsweise beschäftigt sich die Schule der Strukturalisten. Sie sehen den beschriebenen Sachverhalt als Gestaltungsansatz für eine Konfliktbehandlung.[27]

Die Personalisten als zweite Schule, sehen die Konfliktursachen in den Eigenschaften und Merkmalen des Individuums selbst begründet. Sie betrachten die Konfliktbehandlung personenbezogen bzw. in der zwischenmenschlichen Interaktion.[28]

Heute wird in der Konfliktforschung ein integrativer Ansatz verfolgt, welcher auch dieser Arbeit zugrundeliegt.

2.3.1.1 Konfliktpotential

Die entscheidenden Einflussgrößen für die Entstehung von Konflikten sind das Konfliktpotential und die Konfliktbereitschaft.[29] Jede Organisation beinhaltet Konfliktpotential. Berkel sieht das Potential sogar als systemimmanent, das nach Umfang und Intensität mit der Art und Erscheinungsweise von verschiedenen Organisationen vari-

---

26 Vgl. ebenda, S. 68ff.
27 Vgl. Glasl, F., a.a.O., S. 85.
28 Vgl. ebenda, S. 86.
29 Vgl. Regnet, E.; Konflikte in Organisationen, Göttingen 1992, S. 22.

iert.[30] Das Konfliktpotential einer Organisation baut sich aus zwei Gruppen von Faktoren auf, aus der Objekt- und der Subjektseite. In der Objektseite finden sich die Erklärungsansätze der Strukturalisten und in der Subjektseite finden sich die Erklärungsansätze der Personalisten wieder.[31]

Tab. 2: Das Konfliktpotential einer Organisation

Konfliktpotential				
Objektseite			**Subjektseite**	
Werte, Visionen und Ziele	Ist ihr Inhalt klar oder unklar, widerspruchsfrei oder umkämpft, besteht Konsens und gelten sie auch als verbindlich?	Persönliche Merkmale	Extro-Introvertiert, Frustrationstoleranz, Optimismus oder Pessimismus, Erfahrungen	
Organisationsstruktur	Ist sie überschaubar oder unüberschaubar, Zentral oder dezentral, leichte Kontaktaufnahme zur Spitze möglich, werden Statusunterschiede herausgestellt?	Einstellungen und Motive	Einstellung zur Organisation, Arbeit, Konflikten, Werthaltungen, Erwartungen; stehen sie eventuell im Widerspruch zu Erwartungen des Unternehmens?	
Normen und Regeln	Sind sie allen bekannt, werden sie situationsbezogen gehandhabt und welche Folgen haben Abweichungen?	Wahrnehmung und Kenntnisse	Werden Situationen, Details, soziale Vorgänge etc. klar und differenziert wahrgenommen, kennen die Parteien ihren eigenen Anteil am Konflikt, und die beidseitigen Erwartungen?	
Ressourcen und Mittel	Wer begehrt sie, wie ist die Verfügbarkeit, sind sie ersetzbar, wie stark sind sie an die Zielerreichung gekoppelt?	Verhaltensweisen	Gewohnheiten, Kommunikations-, Arbeits-, Führungsstil. Ist das Verhalten angemessen, überwiegen emotionale oder rationale Anteile?	
Aufgaben	Sind sie interessant, herausfordernd, abwechslungsreich, klar und eindeutig, welche Entscheidungsspielräume gibt es?	Beziehungen	Wechselseitige Abhängigkeit, Machtakzeptanz, Kommunikationsdichte, Vorurteile, Misstrauen. Sind diese Beziehungen symmetrisch oder asymmetrisch, existiert direkter Kontakt?	

Quelle: Vgl. Berkel, K., Interpersonelle Konflikte, in: Gaugler, E.,& Weber, W.,(Hrsg.): Handwörterbuch des Personalwesens, Stuttgart 1992, S. 1088.; Berkel, K., Konflikte in und zwischen Gruppen, in: Domsch, M.; Regnet, E.; Rosenstiel, L., von, Führung von Mitarbeitern, Stuttgart 1995, S. 365ff.

---

30   Vgl. Berkel, K., Interpersonelle Konflikte, in: Gaugler, E.,& Weber, W.,(Hrsg.): Handwörterbuch des Personalwesens, Stuttgart 1992, S. 1087.
31   Vgl. ebenda.

16

Das Konfliktpotential darf allerdings nicht der Konfliktursache gleich gesetzt werden, denn nach der hier zugrunde gelegten Konfliktdefinition muss dafür die Wahrnehmung und das Erleben einer Unvereinbarkeit bei mindestens einem Aktor gegeben sein. So sind Situationen vorstellbar, in welchen das Konfliktpotential zwar vorhanden ist, es aber von den Aktoren nicht wahrgenommen und erlebt wird. Konsequenterweise darf man dann nicht von einem Konflikt sprechen. Das Konfliktpotential ist daher im Sinne einer notwendigen aber nicht hinreichenden Bedingung für einen Konflikt zu verstehen.[32] Mehrere Autoren sprechen in solchen Situationen von latenten Konflikten. Beispielsweise definiert Deutsch einen latenten Konflikt, als einen Konflikt der eintreten sollte, aber nicht zustande kommt.[33] Regnet und Delhees setzen diese Definition mit dem Konfliktpotential gleich und kritisieren, dass in diesem Fall schon von einem Konflikt gesprochen wird.[34] Denn ein Konflikt der nicht eingetreten ist, kann weder wahrgenommen noch erlebt werden.

Wird das Konfliktpotential im Verhalten der Aktoren beobachtbar, so spricht man von einem manifestierten Konflikt. Für einen Konflikt gibt es nur eindeutige Situationen, entweder ist er vorhanden oder nicht.[35] Damit der Konflikt sich allerdings manifestieren kann, muss noch ein zweiter Faktor hinzukommen, die Konfliktbereitschaft. Die Konfliktbereitschaft kann im Moment der Konfliktwahrnehmung und des Erlebens zwei Zustände einnehmen, einmal die Entscheidung für und einmal gegen eine Konfliktaustragung. Diese wird beeinflusst durch das Verhalten des Individuum und seiner Fähigkeit, Konflikte wahrzunehmen, sie zu verdrängen oder damit aktiv umzugehen.[36] Ob aus dem gegebenem Konfliktpotential ein Konflikt entsteht, hängt also entscheidend von der Reaktion der Parteien ab. Deshalb wird hier von Konfliktpotential und noch nicht von der Konfliktursache gesprochen.[37] Die Bedeutung des Konfliktpotentials wird dadurch deutlich, dass eine Nichtkonfliktbereitschaft die Transformation von Konfliktpotential in die Konfliktursache verhindert.[38] Die Differenzierung von Konfliktpotential und Konfliktursache besteht somit in der zeitlichen Entwicklung eines Konflikts. Konfliktpotential und Konfliktursache sind erst in dem Moment gleich zusetzen, in dem ein existierender Konflikt wahrnehmbar und erlebbar ist.

---

32 Vgl. Regnet, E., Konflikte in Organisationen, a.a.O., S. 11.
33 Vgl. Deutsch, M., Konfliktregelung- Konstruktive und destruktive Prozesse, München 1976, S. 21.
34 Vgl. Regnet, E., Konflikte in Organisationen a.a.O., S. 11.; Delhees, K., Interpersonelle Konflikte und Konflikthandhabung in Organisationen, Bern 1979, S. 24.
35 Vgl. Berkel, K., Interpersonelle Konflikte, a.a.O., S. 1087.
36 Vgl. Regnet, E., Konflikte in Organisationen a.a.O., S. 22.
37 Vgl. Berkel, K., Interpersonelle Konflikte, a.a.O., S. 1087.
38 Vgl. Esser, W., Konfliktverhalten in Organisationen, Mannheim 1972, S. 81ff.

Abb. 1: Die Konfliktentstehung

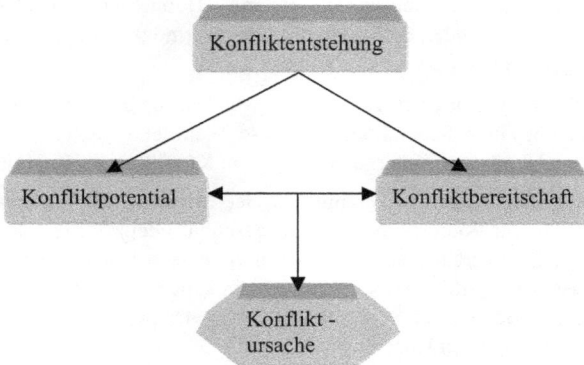

Quelle: eigene Darstellung

2.3.1.2 Subjektive Wahrnehmung im Konflikt

Die beschriebene Objektseite des Konfliktpotentials ist meist für jede Person einer Organisation erkennbar und zugänglich. Dennoch handeln die meisten Personen nicht aufgrund dessen, was objektiv gegeben ist, sondern was und wie sie individuell wahrnehmen. Diesem Sachverhalt liegen die subjektiven Eigenschaften, wie sie die Subjektseite des Konfliktpotentials beschreibt zugrunde. Ein Konflikt ist nur zu verstehen und zu bearbeiten, wenn die persönlichen Wahrnehmungen der Beteiligten berücksichtigt werden.[39] Diese verändern sich vor allem in Abhängigkeit von Intensität und zeitlicher Dauer eines Konfliktes, welchen die meisten Menschen als eine negative Belastung empfinden. Dies beruht auf einem erlebten Missverhältnis zwischen Anforderungen und Handlungsmöglichkeiten. Übersteigen die Anforderungen die Handlungsmöglichkeiten, spricht man von Stress. In diesem Sinne kann Stress sowohl ursächlich für einen Konflikt, als auch ein Konflikt ursächlich für Stress sein.[40]

---

39 Vgl. Berkel, K., Konfliktforschung und Konfliktbewältigung, Ein organisationspsychologischer Ansatz, Berlin 1984, S. 14.
40 Vgl. Pfeifer, B., Konflikt und Stress im Projekt, Eine organisationspsychologisch-pädagogische Feldstudie über Projektmanagement, München 1989, S. 92.

18

Die Wahrnehmungsveränderung, kann dabei sehr unterschiedlich ausfallen wie z.B. realistisch, verzerrt, selektiert auf einen kleinen Ausschnitt, beeinträchtigt durch Vorurteile, Einstellungen oder Einbildungen, etc, wie folgende Beispiele erläutern.[41]

In Konfliktfällen werden Verhaltensweisen oft mit „Doppelmaßstäben" gemessen. D.h. eigene erwünschte Tugenden (z.B. Durchsetzungsvermögen) werden bei Anderen als „Untugenden" gedeutet (Ignoranz, Egoismus).

Der Phantom-Effekt beschreibt einen Konflikt für welchen die Bedingungen fehlen; es handelt sich damit um einen Scheinkonflikt. Diese Wahrnehmungsverzerrung hängt mit der individuellen Über- oder Untergewichtung von Konfliktsignalen zusammen.[42]

Durch den Projektionsmechanismus verengt sich der Blick, eigene Fehler werden übersehen, dagegen die der Anderen übertrieben gesehen. Gleichzeitig schwindet die Fähigkeit, komplexe Sachverhalte aufzunehmen und zu verarbeiten. Dadurch entstehen Lücken, so dass der Konflikt als solches nicht in seiner Gesamtheit wahrgenommen wird. Die eigenen Schwächen werden auf den Gegner projiziert und der Gegner automatisch als Verursacher des Konfliktes hingestellt.[43]

Die stärkste Verzerrung findet allerdings im Selbst- und Fremdbild der Konfliktparteien statt. Durch das Denken in nur zwei Facetten entsteht ein Schwarz-Weiß-Bild, welches zur selektiven Wahrnehmung führt. Man hält sich selbst für konstruktiv und objektiv, und den Gegner für das Gegenteil. Nicht selten rutscht die Auseinandersetzung so auf die Ebene eines moralischen Kampfes zwischen Gut und Böse. Das, was die Parteien zu sehen glauben, ist nicht mehr das, was wirklich geschieht, sondern das was sie erwarten, denken und glauben wollen.[44] Zu diesem Zeitpunkt ist der Konflikt allerdings schon längst eskaliert. Mit einem alten Galizierspruch soll der Abschnitt der subjektiven Wahrnehmung beendet werden:

> „ Wenn jemand ehrlich zu 55% Recht hat, dann ist das sehr gut und es hat keinen Zweck zu streiten. Und wenn jemand zu 60% Recht hat, dann ist das wunderbar, er hat großes Glück und sollte Gott danken. Aber was soll man sagen wenn einer zu 75% Recht hat? Kluge Leute sagen, das ist verdächtig. Gut, und was ist wenn einer zu 100% Recht hat? Wer immer behauptet, er habe zu hundert Prozent Recht ist ein Fanatiker und ein aller ärgster Schuft." [45]

---

41 Vgl. Toemmler-Stolze, K., Konfliktbewältigung als Führungsaufgabe, in: Personalführung Heft 9/1994, S. 841ff.
42 Vgl. Delhees, K., a.a.O., S.25ff.
43 Vgl. Gommlich, F.; Tieftrunk, A., Mut zur Auseinandersetzung: Konfliktgespräche, Niedernhausen 1999, S. 83ff.
44 Vgl. ebenda, S. 44ff.
45 Vgl. Pohl; Witt, Innovative Teamarbeit- zwischen Konflikt und Kooperation, Heidelberg 2000, S. 61.

2.3.2 Konfliktreaktion und Konfliktverhalten

Fällt die Entscheidung der Konfliktreaktion für eine Konfliktaustragung aus, ist damit aus der Wahrnehmung und des Erlebens des Konfliktpotentials ein Konflikt entstanden. Wie der Konflikt sich weiterentwickelt, hängt vom subjektiven Verhalten der Konfliktparteien ab. Obwohl es ebenso viele Verhaltensvariationen wie Menschen gibt, lassen sie sich auf wenige Grundmuster zurückführen.[46] Die Tabelle 3 soll einen Überblick über die Grundmuster des Konfliktverhaltens mit ihren Vorteilen und Nachteilen geben. Die steigende Anordnung der Verhaltensmuster, beginnend mit der ursprünglichsten Form der Flucht, entspricht der Vorstellung eines Lernprozesses der Verhaltensmuster. Die am höchsten entwickelte Konfliktbewältigung ist die des Konsens.[47]

Schwarz bezeichnet dieses Konfliktverhalten auch als Konfliktlösung, und zwar in dem Sinne, dass die Konfliktgegner einen Modus finden, in dem die Unvereinbarkeit soweit verschwindet, dass die Handlungsfähigkeit von beiden (oder im Extremfall nur von einem) nicht weiter beeinträchtigt wird. Diese Verhaltensmuster sind im Menschen tief verwurzelt und haben sich im Laufe des menschlichen Zivilisationsprozesses entwickelt. Der angesprochene Lernprozess muss von einzelnen Personen, aber auch von Gruppen erst erarbeitet werden.[48]

Laut Untersuchungen beginnt dieser Lernprozess auch beim heutigen Zivilisationsmenschen mit dem ursprünglichstem Verhalten, nämlich mit der Flucht. So lässt sich z.B. auch das Phänomen der Fahrerflucht nach einem Unfall verstehen. Meist zeigt sich das Fluchtverhalten jedoch im Aufschieben und Ignorieren von Problemen.[49] Wenn sich die Flucht vor einem Konflikt als Sackgasse herausstellt, kippt das Verhalten meist in Aggression um.

Die dargestellte Abfolge der einzelnen Verhaltensweisen verführt zu einer statischen Betrachtung. Konflikte sind jedoch dynamische Prozesse und können somit unterschiedliche Reaktionsmuster im Konfliktverlauf annehmen. Beispielsweise kann nach einem Aufschieben eines Konflikts eine Kampfphase folgen, welche letztlich die Konfliktparteien mit einem Kompromiss beenden.[50]

---

46 Vgl. Lippmann, E., Konfliktmanagement als Führungsaufgabe, in: Management-Zeitschrift Industrielle Organisation, Heft 69/2000 Nr.3, S. 27.; Grunwald, W., Umgang mit Konflikten, in: Management-Zeitschrift Industrielle Organisation, Heft 3/2000, S. 23.

47 Vgl. Grunwald, W., Konfliktmanagement: Denken in Gegensätzen, in: FB/IE Zeitschrift für Unternehmensentwicklung und Industrial Engineering, Heft 5/1995, S. 258.

48 Vgl. Schwarz, G., Konfliktmanagement: Konflikte erkennen, analysieren, lösen, Wiesbaden 1999, S. 217.

49 Vgl. Schwarz, G., a.a.O., S. 219.; Königswieser, R., Konflikthandhabung, in: Kieser, E.,(Hrsg.), Handwörterbuch der Führung, Stuttgart 1995, S. 1242.

50 Vgl. Königswieser, R., a.a.O., S. 1242.

Tab. 3: Die Grundmuster des Konfliktverhaltens

Verhaltensmuster	Vorteile	Nachteile
Konsens: Verhandlung mit Interessenaustausch, Lösung bietet allen Optimum nicht Maximum, gegenseitiges Interesse an langfristiger Lösung	Förderung von Initiative, Partizipation, Kreativität und Lernen, gemeinsame Erfolgsverantwortung, motiviert und belohnt gleichverteilt, schafft zukünftiges Vertrauen	Erfordert hohes Engagement und viel Zeit, Abweichen von der eigenen Position kann als Schwäche ausgelegt werden
Kompromiss: Partieller Verzicht eigener Interessen im Bezug auf ursprüngliche Position; Teileinigung	Relativ schnelle Lösungsfindung bei relativ geringem Kräfteverschleiß, verhindert Gesichtsverlust durch Teileinigung	Gefahr für pseudooptimale Lösungen und faule Kompromisse, funktioniert meist nur zeitlich begrenzt, wegen Teilverzicht
Delegation: Regelung durch unparteiischen Dritten, Gericht, Schlichtungsstelle, Beschwerdesystem	Entwicklung einer gemeinsamen Verbindlichkeit objektiver Art, Schema von Sieg oder Niederlage durchbrochen	Die individuelle Identifikation mit der Lösung ist geringer als bei eigener Erarbeitung, Emotionen und Kompetenz lassen sich schwer delegieren
Unterordnung: Nachgiebigkeit, Anpassung, teilweises Aufgeben eigener Interessen	Unterworfener hegt Hoffnung auf eine mögliche Umkehrung der Situation, ermöglicht Arbeitsteilung	Siegen bedeutet gleich Recht haben, keine Auseinandersetzungsmöglichkeit, innere Kündigung als Folge
Kampf: Drohen, Verjagen, Kündigen, Angriff, Vernichtung; Rufmord	Schnelle aber nicht dauerhafte Regelung, Sieger geht gestärkt hervor	Lösung des Stärkeren meist nicht optimal, Verlust von Alternativen, Fehler nicht korrigierbar, Eskalationsgefahr bei Gegenwehr
Flucht: Rückzug bzw. Verlassen der Situation, Aufschieben, Ignorieren	Modus für Zeit- und Raumgewinn, Konfliktwirkung wird kurzzeitig aufgehoben, keine Verlierer	Kein Lernprozess; Konflikt nicht gelöst, Gefahr einer späteren Konfliktverschärfung

Quelle: Vgl. Lippmann, E., Konfliktmanagement als Führungsaufgabe, in: Management-Zeitschrift Industrielle Organisation, Heft 69/2000 Nr.3, S. 27.; Schwarz, G., Konfliktmanagement: Konflikte erkennen, analysieren, lösen, Wiesbaden 1999, S. 218ff.

2.3.3 Generelle Konfliktursachen

Wie in Kapitel 2.3.1.1 beschrieben, wird das Auftreten eines Konfliktes durch die wechselseitige Verknüpfung des Konfliktpotentials mit der individuellen Konfliktbereitschaft verursacht. Daher muss von einer monokausalen Konflikterklärung abgesehen und eine multiple Verursachung zugrunde gelegt werden.[51]

---

51 Vgl. Berkel, K., Konfliktforschung und Konfliktbewältigung, a.a.O., S. 19.

Nach Krüger entsprechen die Ursachen von Konflikten in Unternehmen der Variabilität des Geschehens. Er versucht die Fülle möglicher Konfliktursachen auf ein gemeinsames Ursachenbündel zurückzuführen und bezeichnet folgende vier Aspekte als generelle, letzte Konfliktursachen. [52]
Der erste Aspekt betrifft das Spannungsverhältnis von Zielen und Mitteln. Beispielhafte Konfliktformen sind Frustrations-, Motiv- und Verteilungskonflikte. [53] Der zweite Aspekt beschreibt die Wechselwirkungen zwischen Multipersonalität und Komplexität des Systems Unternehmung. Multipersonalität begründet unterschiedliche Werte, Auffassungen und Emotionen. Die Komplexität der Unternehmensprozesse in Verbindung mit der Multipersonalität bedingen organisatorische Aufbau- und Ablaufstrukturen. Diese führen zu unterschiedlichen vertikalen Problemen bzgl. des Organisationsaufbau und -ablaufs, sowie Machtverteilung und sind dadurch Grundlage für die strukturbedingten Konflikte. [54] Der dritte Aspekt beschreibt die Umweltverbundenheit der Unternehmung, die durch intensive Austauschbeziehungen mit Lieferanten, Kunden, Konkurrenten und der Öffentlichkeit die Außenkonflikte begründen. [55] Der letzte Aspekt verweist auf Konflikte aufgrund unterschiedlicher Informationsbasen. Unvollständigkeit, Unbestimmtheit, Unsicherheit und Ungewissheit verursachen sowohl intra- und interpersonelle Konflikte, als auch Informations- und Kommunikationskonflikte. [56]

Über die Auffächerung der generellen Konfliktursachen gelangt man zu den speziellen Ursachen. Diese lassen sich unterschiedlichen Unterscheidungskriterien zuordnen, welche später im Abschnitt 2.5.3 dargestellt werden. Die generellen wie auch die speziellen Ursachen bspw. Kompetenzunklarheiten, lassen sich punktuell, beseitigen. Daraus zu schließen, dass generell keine Kompetenzunklarheiten mehr auftreten, macht ihre prinzipielle Unaufhebbarkeit deutlich. Wollte man Konflikte endgültig „lösen", müssten die vier generellen Konfliktursachen behoben sein, was aber Utopie ist. Aus dieser prinzipiellen Unüberwindbarkeit heraus, können Konflikte als eine „soziale Konstante" betrachtet werden. [57]

2.4 Konfliktdimensionen

Konflikte sind keine eindimensionalen Phänomene, sie spielen sich auf mehreren Ebenen ab, die sich wechselseitig beeinflussen. Weit verbreitet ist die Unterscheidung in Sach- und Beziehungsebenen. [58] Der Sachebene ordnet man Konflikte über Ziele, Bewertungen, Ressourcen und berufliche Rollen zu. In der Beziehungsebene spielen

---

52 Vgl. Krüger, W., Konflikthandhabung, a.a.O., S. 24.
53 Vgl. ebenda, S. 25.; Bosshard, K., a.a.O., S. 73.
54 Vgl. ebenda, S. 26.; ebenda.
55 Vgl. ebenda.; ebenda.
56 Vgl. ebenda.; ebenda.
57 Vgl. Krüger, W., Konfliktsteuerung als Führungsaufgabe, München 1973, S. 60.
58 Vgl. Brommer, U., Konfliktmanagement statt Unternehmenskrise, Moderne Instrumente zur Unternehmensführung, Zürich 1994, S. 170ff.

22

Vorurteile, Einstellungen, Sympathien und Antipathien eine Rolle.[59] Wenn einem Konflikt eine negative Beziehungsebene zugrunde liegt, kann davon ausgegangen werden, dass Entscheidungen auf der Sachebene darunter leiden. Dies gilt nicht nur für subjektive Beurteilungsvorgänge, sondern auch für angeblich wissenschaftlich „überprüfbare" Sachverhalte. Der Umgang auf der Sachebene wirkt sich wiederum auf die Beziehungsebene aus. Sachkonflikte können so zu Beziehungskonflikten werden und umgekehrt.[60] In der Praxis ist es eine weit verbreitete Strategie, Beziehungskonflikte als Sachkonflikte darzustellen, um im Berufsleben „ganz rational" über sachliche Dinge sprechen zu können.[61] Um mit diesen Ebenen den Zustand und die Qualität möglicher Konflikte in einem Unternehmen besser abzubilden, soll im folgenden der Begriff der Dimensionen verwendet werden. Für die praktischen Analyse- und Gestaltungszwecke ist es erforderlich, drei verschiedene Dimensionen von Konflikten zu unterscheiden.[62]

2.4.1 Sachlich-intellektuelle Dimension

Aus der Sicht des Unternehmens geht es hier um Auseinandersetzungen in Sachfragen. Im Rahmen der Aufgabenerfüllung und Zielerreichung kann es zu Konflikten über die Art und Weise der Realisierung kommen. Hierunter lassen sich folgende drei Konfliktkategorien subsumieren.[63]

Die erste Kategorie beinhalten Konflikte über Ziele. Dabei geht es um die unterschiedlichen Auffassungen über Ziele und Absichten eines Unternehmens, einer Abteilung oder eines Projektes. Zielkonflikte trifft man in allen Bereichen eines Unternehmens an.[64]

In die zweite Kategorie werden die Konflikte über Mittel der Zielerreichung (Verfahren, Techniken etc.) subsumiert. Einigkeit über die Ziele beinhaltet noch lange keine Einigkeit über die Mittel der zielerreichenden Maßnahmen, hier spricht man von Beurteilungskonflikten, die meist wesentlich heftiger als die Zielkonflikte ausfallen.[65] Konflikte über Mittel der Zielerreichung sind zunächst Entscheidungskonflikte. Die dabei entstehende Unzufriedenheit und der Widerstand können sich bei der Umsetzung in Form von Durchsetzungskonflikten bzw. Vorgehenskonflikten bemerkbar machen.[66] In diesem Zusammenhang erlangen die Verteilungskonflikte bzw. Ressourcenkonflikte eine wichtige Bedeutung, denn sie resultieren einmal aus der Planung des Vorgehens von Ressourcen (z.B. Geld, Personal, Arbeitsmittel, Zeit) und andermal

59 Vgl. Gamber, P., Konflikte und Aggression im Betrieb, München 1992, S. 26ff.
60 Vgl. ebenda.
61 Vgl. Bay, R., Teams effizient führen, Würzburg 1998, S. 151.
62 Vgl. Krüger, W., Konfliktsteuerung, a.a.O., S. 75.
63 Vgl. ebenda, S. 78.
64 Vgl. ebenda.
65 Vgl. Gamber, P., a.a.O., S. 19.
66 Vgl. Krüger, W., Konfliktsteuerung, a.a.O., S. 78.

durch die naturbedingte Knappheit der Ressourcen, für die Zielerreichung.[67] Dabei kann festgehalten werden, je größer die Abhängigkeit von gemeinsamen Ressourcen, desto eher kann man mit Konflikte zwischen ihnen rechnen.[68] Konflikte über Fakten beschreiben die letzte Kategorie. Häufig stehen hinter den Fakten andere Ziele oder andere Perspektiven, als offiziell angegeben wird.[69] Hierunter fallen Konflikten über Entscheidungsalternativen, wie z.b. die Bewertungs- und Beurteilungskonflikte, welche sich in den unterschiedliche Auffassungen über die Erfolgs- und Misserfolgswahrscheinlichkeiten der zu beurteilenden Alternativen äußern.[70] Schließlich kann der Streit über Fakten durch unzureichende Abstimmung bzgl. der Kompetenzen und Aufgaben der Mitarbeiter zu Rollenkonflikten führen.[71]

2.4.2 Sozio-emotionelle Dimension

Kein noch so sachlicher Konflikt läuft isoliert ab. Sie werden immer von Personen als Träger des Konflikts aktualisiert und bilden damit eine sozio-emotionelle Konfliktdimension. In diesem Zusammenhang sind einmal die Persönlichkeitskonflikte, welche eine Unvereinbarkeit in der Person selbst beschreiben und zu Konflikten in der sozialen Dimension führen können und andermal die Beziehungskonflikte zu nennen.[72] Diese werden durch die Qualität der Interaktion mit den emotionalen Komponenten wie Sympathie, Antipathie, Misstrauen, Abneigung etc. verursacht. Beide können die produktive Zusammenarbeit erheblich beeinträchtigen.[73]

2.4.3 Wertmäßig-kulturelle Dimension

Die dritte Dimension umfasst die charakteristischen Werte, Überzeugungen, und Grundhaltungen eines Unternehmens, also dass, was man Unternehmenskultur nennt. Aus ihnen heraus werden die Ziele, Maßnahmen und die Organisationsform der Unternehmung bestimmt.[74] Nach außen ist das Wertesystem eines Unternehmens z.b. als „Image" sichtbar. Nach innen werden Werte u.a. in und durch die Personen sichtbar. Die elementaren Wertorientierungen einer Person sind theoretischer, ökonomischer,

---

67 Vgl. Grunwald, W., Umgang mit Konflikten, in: Management-Zeitschrift Industrielle Organisation, Heft 69/2000, S. 23.

68 Vgl. Thom, N., Grundlagen des betrieblichen Innovationsmanagements, Königstein 1980, S. 218.

69 Vgl. Krüger, W., Konfliktsteuerung, a.a.O., S. 80.

70 Vgl. Grunwald, W., Umgang mit Konflikten, a.a.O., S. 23.

71 Vgl. Lomnitz, G., Muss der Projektleiter auch Projektleider sein? in: Reschke, H.; Schelle, H.; Schnopp, R. Handbuch Projektmanagement, Köln 1989, S. 937.

72 Vgl. Grunwald, W., Umgang mit Konflikten, a.a.O., S. 23.

73 Vgl. Mayrshofer, D., Konflikte nutzen im Projekt, Synergien erreichen durch gezielte Projektteamentwicklung, in: Schulz, Armin; Pfister, Christine, (Hrsg.), Strukturwandel mit Projektmanagement, München 1996, S. 3.

74 Vgl. Huber, T., Unternehmenskultur-ein Erfolgsfaktor für Veränderungen in: Chalupsky, J.; u.a., Der Mensch in der Organisation, Gießen 2000, S. 128ff.

24

ästhetischer, sozialer, religiöser und politischer Art und bilden das persönliche Wertprofil. Treffen nun Personen mit unterschiedlichen Wertprofilen aufeinander oder bestehen Unvereinbarkeiten gegenüber der Unternehmenskultur, spricht man von Wertkonflikten.[75]

2.4.4 Transformation und Wechselwirkungen zwischen den Dimensionen

Konflikte entladen sich manchmal auf anderen Ebenen als auf denen, denen sie eigentlich angehören. Dies geschieht durch Verschiebung des Konfliktes durch den Konfliktträger, bspw. durch Überlastung auf der sachlich-intellektuellen Ebene, welche dann auf der sozio-emotionellen Ebene abreagiert wird. Dieser Vorgang wird als Transformation bezeichnet.[76] In der Realität sind die unterschiedlichen Dimensionen durch vielfältige Wechselwirkungen mit einander verknüpft. Bspw. wird eine heftige Diskussionen auf der Sachebene, wegen der Identifikation mit der persönlichen Meinung, vom Angesprochenen als ein Angriff auf die eigene Person betrachtet. Aus der zunächst sachlichen Auseinandersetzung ist nun auch eine emotionale geworden. Wenn man sich weiterhin nicht einigen kann, greift man auf die persönlichen Wertesysteme zurück und versucht, unter Berufung auf deren Allgemeingültigkeit, die Richtigkeit der Sachargumente zu beweisen. Je nach Schärfe kann dies zu regelrechten „Glaubenskriegen" führen. Meistens sind Wertdiskussionen deswegen so unfruchtbar, weil Werte erstens subjektiv unterschiedlich relevant sind, zweitens weil sie prinzipiell nicht beweisbar sind und drittens weil die vorgebrachten Werte so allgemein verwendet werden, dass sich damit wiederum alles „beweisen" lässt. Die entstandene Sackgasse besteht im Abschwören der einen Konfliktpartei von ihren Argumenten oder in der Bekämpfung, bis hin zum Ausscheiden aus der Unternehmung.[77]

2.5 Typologien von Konflikten

Es gibt zahlreiche Kriterien nach welchen Konflikttypen zugeordnet werden können, wie z.B. nach der Anzahl beteiligter Personen, nach dem Konfliktgegenstand, nach der Konfliktursache, nach dem Konfliktausgang usw. Doch welchen praktischen Nutzen soll eine solche Typologie bieten? So ist z.B. eine Typologisierung nach dem Kriterium des Konfliktgegenstandes durchaus interessant, letztlich aber fehlt hierbei die konkrete Anwendbarkeit für ein Konfliktmanagement, denn allzu oft ist der Gegenstand nicht Ursache, sondern lediglich der „Aufhänger" eines Konflikts. Aus diesem Grund werden hier Typologien verwendet, die im Hinblick auf ihre praktische Anwendbarkeit einen Nutzen darstellen.

75 Vgl. Lomnitz, G., a.a.O., S. 939.; Krüger, W., Konfliktsteuerung, a.a.O., S. 82.; Delhees, K., a.a.O., S.17.
76 Vgl. Krüger, W., Konfliktsteuerung, a.a.O., S. 86ff.
77 Vgl. Krüger, W., Konfliktsteuerung, a.a.O., S. 87ff.

2.5.1 Handlungsorientierte Typologien

Handlungsorientierung bedeutet im eben beschriebenem Sinne auch, dass eine Typologie einen Nutzen im Hinblick auf die Konfliktanalyse aufweisen soll. Hierbei dient die Zuordnung zu einem bestimmten Typus der ersten und schnellen Orientierung, um die Kernelemente eines Konflikts zu lokalisieren. Die Kernelemente stellen beobachtbare Erscheinungsformen der Konfliktaustragung dar und dienen damit als Orientierungspunkte. Auch wenn die Konfliktparteien etwas anderes vortäuschen, muss bei dem angeknüpft werden, was beobachtbar in Erscheinung tritt, d.h. wie die Konfliktparteien den Konflikt selber darstellen. Denn die Konfliktaustragung wird in jedem Falle durch das Verhalten der Parteien geprägt.[78] Der Ablauf der folgenden Typologien bildet die Grundlage für die spätere Konfliktanalyse.

2.5.1.1 Einteilung nach dem Rahmen des Konfliktes

Für die konkrete Handhabung dieses Orientierungspunktes wird der Rahmen des Konfliktes in drei Bereiche untergliedert. In den mikro-sozialen, in den meso-sozialen und in den makro-sozialen Rahmen.[79]

Im mikro-sozialen Rahmen werden alle Konflikte subsumiert, die in kleinen Gruppen stattfinden. Alle Personen sind bekannt, die Beziehungen direkt und die Situation für jeden überschaubar. Als Beispiel mag ein Konflikt im Direktorenteam eines Unternehmens dienen, bei welchem aus eigenem Interesse der Konflikt nicht über diesen Rahmen ausgeweitet wird.[80]

Der meso-soziale Rahmen, als nächst größerer Bereich, wird durch die angesprochenen mikro-sozialen Einheiten aufgebaut, und lässt sich dadurch charakterisieren, dass meist, wie z.B. in einem Unternehmen, keine direkten Beziehungen mehr bestehen. Die Kommunikationsprozesse zwischen den einzelnen Einheiten laufen meist über deren Vertreter. Die Beziehungen in den Kleingruppen wurden nun mit den Zwischengruppenbeziehungen erweitert.[81]

Die Konflikte im makro-sozialen Rahmen weisen eine noch höhere Komplexität auf. Ihr Feld liegt zwischen verschiedenen Unternehmen und wird in dieser Arbeit nicht weiter berücksichtigt.

2.5.1.2 Einteilung nach der Reichweite des Konfliktes

Der zweite Orientierungspunkt ist die Reichweite des Konfliktes. Hierbei geht es darum, ob die Konfliktparteien die eigene Position bzw. die der Gegenpartei und den Gesamtrahmen, der ihre Positionen zueinander regelt, akzeptieren oder ablehnen. Auch hier lassen sich wiederum drei Fälle unterscheiden.

---

78 Vgl. Glasl, F., a.a.O., S. 59.
79 Vgl. ebenda, S. 60ff.
80 Vgl. Glasl, F., a.a.O., S. 60.
81 Vgl. ebenda, S. 62.

26

Im ersten Fall sind die Konflikte meist nur Reibungskonflikte, Friktionen und alltägliche Organisationsangelegenheiten wie z.B. die vorgesehene Feiertagsregelung. Auch wenn die Diskussion darüber hart geführt wird, werden die zueinander festgelegten Positionsverhältnisse nicht in Frage gestellt.

Im zweiten Fall, den Positionskämpfen, geht es um die Ausweitung der Verantwortung und Durchsetzung von Interessen. Die eigene Position wird also abgelehnt und eine Änderung angestrebt. Typisch sind dafür Kompetenzstreitigkeiten.

Der dritte Fall ist davon geprägt, dass der Gesamtrahmen in Frage gestellt wird und eine Änderung angestrebt oder verhindert werden soll. Typisches Beispiel ist das Projekt einer umfassenden Reorganisation, welches von vielen Führungskräften aus Furcht vor Kompetenzverlusten abgelehnt und bekämpft wird. Weil bei diesen Konflikten die Struktur einer Organisation Gegenstand der Veränderung ist, spricht man hier auch von Systemveränderungskonflikten.[82]

2.5.1.3 Einteilung nach der dominanten Erscheinungsform

Auch dem letzten Orientierungspunkt liegt beobachtbares Verhalten zugrunde. Einmal lässt sich beobachten, ob die Austragungsart eines Konflikt formgebunden oder formfrei in Erscheinung tritt. Andermal lässt sich die Art und Weise der Interaktion beobachten.

Bei formgebundenen Konflikten bedienen sich die Konfliktparteien des Dienstweges, also die für Konflikte vorgesehene und geregelte Form wie Mitarbeitergespräch, Beschwerdestellen, Betriebsrat, Schiedskommissionen oder auch Gerichte. Dies garantiert die Legalität der Mittel und erleichtert eine Konfliktregelung. Allerdings können Situationen entstehen, wo die Regelungsform einer tatsächlichen Änderung bedarf, da bei zu großer Starrheit der vorhandenen Formen die Konfliktregelung darunter leiden könnte.

Bei den formfreien Konflikten werden die institutionalisierten Konfliktaustragungsformen nicht mehr akzeptiert. Gründe können z.B. die situationsbezogene Unzweckmäßigkeit der Form sein, oder die Form selber, weil sie als repressives Instrumentarium empfunden wird.[83]

Konflikte lassen sich im Verhaltensstil der Interaktion zwischen den Konfliktparteien unterscheiden. Diese Interaktion kann dominiert sein durch heiße oder kalte Konflikte.

Bei heißen Konflikten ist eine deutliche Überaktivität, Überempfindlichkeit und Explosivität feststellbar. Charakteristisch ist, dass die Beteiligten nicht versuchen sich gegenseitig zu blockieren, sondern den Gegner von ihrer Sache und der „Reinheit" ihrer Motive unbedingt überzeugen zu wollen. In diesem „Missionierungseifer" wird die eigene Richtigkeit dermaßen überschätzt, dass, die Konfrontation als unumgäng-

---

82 Vgl. ebenda, S. 66ff.
83 Vgl. Glasl, F., a.a.O., S. 67ff.

lich betrachtet wird um den Gegner zum Anhänger der eigenen Überzeugung zu machen.[84]

Im Gegensatz dazu findet man bei kalten Konflikten keine spektakulären Aktionen, obgleich die Handlungen genauso destruktiv wirken. Statt auf überzogener Begeisterung und Überzeugungswillen trifft man hier auf Frustration und Desillusionierung. Man hat aufgehört an die Durchsetzung eigener Ideen zu glauben und das eigene negative Selbstbild wird nur durch das noch negativere Bild des Gegners übertroffen. Die direkte Konfrontation wird umgelenkt in indirekte Einflussnahmen um Störaktionen auszuführen, denn im kalten Konflikt ist nicht die Durchsetzung eigener Ideale das Ziel, sondern die Blockade des Gegners.[85]

2.5.2 Konkurrenz- und Kooperationskonflikte

Wie schon in Kapitel 2.2 erwähnt, ist Konkurrenz immer eine Unterkategorie von Konflikten. Allerdings ereignen sich Konflikte nicht nur in Konkurrenzsituationen, sondern auch in kooperativen. Das ist insofern wichtig, weil sich Kooperation als die komplementäre Seite von Konkurrenz verstehen lässt. Der Unterschied liegt in der Art und Weise wie die Ziele der Beteiligten in der jeweiligen Situation miteinander verknüpft sind.[86] Diese Wechselbeziehungen lassen sich in kooperativen Situationen als gleichgerichtet und symmetrisch beschreiben. Die Ziele der Teilnehmer sind so miteinander verflochten, dass jeder Teilnehmer sein Ziel nur dann erreichen kann, wenn die anderen auch ihre Ziele erreichen können.[87] Im Gegensatz dazu wird eine Konkurrenzsituation durch entgegengerichtete Wechselbeziehungen gekennzeichnet. Im Extremfall der reinen Konkurrenz kann ein Teilnehmer nur dann sein Ziel erreichen, wenn alle anderen (mit denen er verflochten ist) ihre Ziele nicht erreichen können. In der Realität treten meist Mischformen auf, z.B. die Kooperation von Unternehmen bezüglich einer Marktexpansion und gleichzeitiger Konkurrenz bezüglich des eigenen Anteils am Gesamtanteil des Marktes.[88]

Bei Kooperationskonflikten werden eher Vertrauen, Offenheit und Wir-Gefühl beobachtet. In Konkurrenzkonflikten dominieren eher Misstrauen, Neid, Rivalität und Angst. Betriebliche Erfahrungen und sozialpsychologische Forschung zeigen, dass Konkurrenzkonflikte tendenziell zu „lose-lose" oder „lose-win-Situationen" und Kooperationskonflikte tendenziell zu „win-win-Situationen" führen.[89] Zwischen Kooperation und Konkurrenz besteht eine asymmetrische Beziehung, in welcher erstens Kooperation schneller und nachhaltiger in Konkurrenz umschlägt als umgekehrt und

---

84   Vgl. ebenda, S. 69ff.
85   Vgl. Gommlich, F.; Tieftrunk, A., a.a.O., S. 7ff .
86   Vgl. Deutsch, M., a.a.O., S. 26ff
87   Vgl. ebenda.; Pfeifer, B., a.a.O., S. 40ff.
88   Vgl. ebenda.
89   Vgl. Grunwald, W., Umgang mit Konflikten, a.a.O., S. 24.

zweitens sich Konkurrenz im allgemeinen schneller und dauerhafter etabliert. Interessanterweise geht dabei der Konkurrenz oftmals Kooperation voraus.[90]

2.5.3 Spezielle Ursachen betrieblicher Konfliktbereiche

Bei den speziellen Konfliktursachen handelt es sich um die Folgewirkung der generellen Konfliktursachen. Für sich genommen stellen die Konfliktbereiche ein typisches Kriterium für eine Typologiebildung dar. Die Entscheidung, sie unter die Ursachen als typenbildendes Kriterium zu subsumieren, kann damit begründet werden, dass die speziellen Konfliktursachen eine Differenzierung der generellen Konfliktursachen sind und eng im Zusammenwirken mit den einzelnen betrieblichen Bereichen auftreten. In diesem Zusammenhang bilden die speziellen Konfliktursachen die notwendigen Bedingungen für die Entstehung eines konkreten Konfliktfalles im Individualbereich, im Intragruppenbereich (intragruppal), im Intergruppenbereich (intergruppal) und zwischen Unternehmung und Umwelt, wobei letztere in dieser Arbeit nicht betrachtet wird.

2.5.3.1 Konflikte im Individualbereich

Die speziellen Konfliktursachen lassen sich in drei Komponenten untergliedern, dem Problem, der Situation und der Persönlichkeit. Auch hier gibt es für die Entstehung der einzelnen Komponenten nicht die isolierte Ursache, sondern ein Ursachenbündel aus Einzelfaktoren.[91] Die Konfliktwahrnehmung, Konflikthäufigkeit und die Konfliktintensität nehmen in Tabelle 4 von links nach rechts ab. Die Problemkomponente knüpft an das objektive Konfliktpotential an, welches in Kapitel 2.3.1.1 erläutert wurde. Damit der Faktor „Aufforderungscharakter" vom Individuum überhaupt wahrgenommen wird, muss die Intensität der vom Problem ausgehenden Informationen, Signale und Reize entsprechend hoch sein. Weitere Konfliktursachen der Problemkomponente sind vor allem die Faktoren der Wertigkeit, Neuartigkeit und Komplexität. Je neuartiger und komplexer eine Situation für ein Individuum ist, desto größer ist die Lösungsunsicherheit und desto größer die intraindividuelle Konfliktwahrscheinlichkeit.[92]

Unter der Situationskomponente ist das Problemumfeld zu verstehen, in welchem sich ein Aufgabenträger befindet. Bei steigender Stress- und damit auch Konfliktbelastung „schaltet" der eine ab, der andere wird aggressiv und überempfindlich. Das Abschalten wird hier als Aufmerksamkeitseffekt, die Überempfindlichkeit als Sensibilisierungseffekt bezeichnet.[93]

Mit der Persönlichkeitskomponente werden die Merkmale der Subjektseite aufgegriffen. Sie determinieren die Konfliktbereitschaft eines Individuums wie z.B. die Risiko-

---

90   Vgl. Grunwald, W., Konflikt- Konkurrenz –Kooperation, a.a.O., S. 77.
91   Vgl. Krüger, W., Konfliktsteuerung, a.a.O., S. 61.
92   Vgl. ebenda.
93   Vgl. ebenda.

einstellung. Ein Aufgabenträger mit hoher Risikobereitschaft wird sich eher weniger im Konflikt befinden, da für ihn die Sicherheit bzgl. von Informationen weniger relevant ist, als bei risikoaversen Aufgabenträgern. Je größer die Problemlösungsfähigkeit ist, desto weniger werden Konflikte mit negativen Wirkungen auftreten.

Zwischen den Einzelfaktoren bestehen zahlreiche Wechselwirkungen, die sich additiv verstärken oder abschwächen können. So kann bspw. mangelnde Problemlösungsfähigkeit durch hohe Risikobereitschaft kompensiert werden, aber auch zu Konflikten führen.[94]

Tab. 4: Spezielle Konfliktursachen im Individualbereich

Spezielle Konfliktursachen im Individualbereich	
Problemkomponente	
Aufforderungscharakter	*stark ---- schwach*
Problemwertigkeit	*hoch ---- niedrig*
Neuartigkeit	*groß ---- gering*
Komplexität	*groß ---- klein*
Koordinationsbedarf	*groß ---- klein*
Bereichsüberschreitung	*häufig ---- selten*
Situationskomponente	
Lösungszeit	*gering ----viel*
Aufmerksamkeit	*hoch ---- niedrig*
Sensibilisierung	*hoch ---- niedrig*
Informationsmängel	*häufig ---- selten*
Rang in der Hierarchie	*hoch ---- niedrig*
Ausmaß der Selbständigkeit	*hoch ---- niedrig*
Dauer der Mitgliedschaft	*kurz ---- lang*
Persönlichkeitskomponente	
	niedrig ---- hoch
Problemlösungsfähigkeit	*niedrig ---- hoch*
Selbstvertrauen	*niedrig ---- hoch*
Akzeptanz der Ziele	*niedrig ---- hoch*
Akzeptanz der Werte	*niedrig ---- hoch*
Akzeptanz des Sozialklimas	*niedrig ---- hoch*
	>> *Abnehmende Konfliktwahrnehmung*
	>> *Abnehmende Konfliktintensität*
	>> *Abnehmende Konflikthäufigkeit*

Quelle: Vgl. Krüger, W., Konfliktsteuerung als Führungsaufgabe, München 1973, S. 64.; Witt, M., M., Teamentwicklung im Projektmanagement, Wiesbaden 2000, S. 88ff.

2.5.3.2 Konflikte in Gruppen

Analog zum Konfliktbereich des Individuums kann die eben beschriebene Systematik auch für die Ursachen in Gruppen verwendet werden. Allerdings sind die einzelnen Faktoren als Durchschnittswerte der Gruppenmitglieder zu sehen, da sie für die Gruppe insgesamt gelten.. Je höher z.B. die Komplexität und Neuartigkeit einer Aufgabe ist, mit der sich die einzelnen Gruppenmitglieder im Durchschnitt zu beschäftigen ha-

---

94 Vgl. Krüger, W., Konfliktsteuerung, a.a.O., S. 65.

ben, desto größer und häufiger ist die Wahrscheinlichkeit von Konflikten in der Gruppe.

Die Gemeinsamkeit und Identität einer Gruppe hängt von der Akzeptanz der Ziele, Gruppenwerte und dem sozialem Klima ab. Eine mangelnde Anerkennung des formalen Gruppenführers kann zur Entstehung informaler Konflikte führen. Je höher die Konfliktstabilität der Führungskraft, desto größer auch die Chance, dass dieser Konflikte abfangen, ausgleichen, neutralisieren und produktiv handhaben kann.[95]

Tab. 5: Spezielle Konfliktursachen im Intragruppenbereich

Spezielle Konfliktursachen im Intragruppenbereich	
Problemkomponente	
Aufforderungscharakter	*stark ---- schwach*
Problemwertigkeit	*hoch ---- niedrig*
Neuartigkeit	*groß ---- gering*
Komplexität	*groß ---- klein*
Koordinationsbedarf	*groß ---- klein*
Bereichsüberschreitung	*häufig ---- selten*
Situationskomponente	
Lösungszeit	*gering ---- hoch*
Aufmerksamkeit	*hoch ---- niedrig*
Sensibilisierung	*hoch ---- niedrig*
Gruppenmitgliederkomponente	
Problemlösungsfähigkeit	*niedrig ---- hoch*
Selbstvertrauen	*niedrig ---- hoch*
autoritärer Charakter	*stark ---- schwach*
Neigung zu Gewaltlösung	*groß ---- klein*
Reife der Person	*gering ---- groß*
Akzeptanz der Ziele	*niedrig ---- hoch*
Akzeptanz der Werte	*niedrig ---- hoch*
Akzeptanz des Sozialklimas	*niedrig ---- hoch*
Bewertung von Alternativgruppen	*hoch ---- niedrig*
Anerkennung der Führungsperson	*niedrig ---- hoch*
Konfliktstabilität der Führungsperson	*niedrig ---- hoch*
Organisationskomponente	
	niedrig ---- hoch
Formalisierungsgrad	*niedrig ---- hoch*
Art der Willensbildung	*individuell ---- kollegial*
Kommunikationskomponente	
Umfang	*niedrig ---- hoch*
Intensität	*niedrig ---- hoch*
Ausmaß der Informationszurückhaltung	*hoch ---- niedrig*
Art der Informationsbeziehung	*bilateral ---- multilateral*
Interaktionskomponente	
Umfang	*niedrig ---- hoch*
Kooperation	*niedrig ---- hoch*
Einfluss des Einzelnen	*niedrig ---- hoch*
>>	*Abnehmende Konfliktintensität*
>>	*Abnehmende Konflikthäufigkeit*

Quelle: Vgl. Krüger, W., Konfliktsteuerung als Führungsaufgabe, München 1973, S. 69.; Witt, M., M., Teamentwicklung im Projektmanagement, Wiesbaden 2000, S. 88ff.

---

95   Vgl. Krüger, W., Konfliktsteuerung, a.a.O., S. 68.

2.5.3.3 Konflikte zwischen Gruppen

Bezüglich der Interaktion zwischen Gruppen gibt es folgenden Zusammenhang. Je größer eine Konfliktbelastung innerhalb einer Gruppe, desto eher wirken sich die Probleme konfliktauslösend oder -verschärfend auf das Verhältnis der Gruppen untereinander aus.[96] Als neue Faktoren sind z.b. die Kommunikationsbarrieren zu nennen, welche durch räumliche und technische Trennung sowie mangelndes Wissen über die Aufgaben der Anderen und wechselseitigen Missverständnissen hervorgerufen werden können.

Tab. 6: *Spezielle Konfliktursachen im Intergruppenbereich*

Spezielle Konfliktursachen im Intergruppenbereich	
Problem- und Situationskomponenten	
Aufforderungscharakter	*stark ---- schwach*
Problemwertigkeit	*hoch ---- niedrig*
Neuartigkeit	*groß ---- gering*
Komplexität	*groß ---- klein*
Lösungszeit	*gering ---- viel*
Knappheit der gemeinsamen Ressourcen	*groß ---- gering*
Sequentielle Abhängigkeit	*groß ---- klein*
Organisation -und Kommunikationskomponenten	
Klarheit und Vereinbarkeit der Zuständigkeiten	*unklar ---- klar*
Kommunikationsbarrieren	*viele ---- wenige*
Interaktionskomponenten	
Vereinbarkeit der Ziele	*gering ---- stark*
Vereinbarkeit der Werte	*gering ---- stark*
Vereinbarkeit des Sozialklimas	*gering ---- stark*
Interaktionsbarrieren	*viele ---- wenige*
Konfliktbelastung der Gruppe	*groß ---- klein*
	>> *Abnehmende Konfliktintensität*
	>> *Abnehmende Konflikthäufigkeit*

Quelle: Vgl. Krüger, W., Konfliktsteuerung als Führungsaufgabe, München 1973, S. 73.; Witt, M., M., Teamentwicklung im Projektmanagement, Wiesbaden 2000, S. 88ff.

2.6 Modell der Konflikteskalation

Ziel dieses Modells ist festzustellen, welche Intensität der Konflikt aktuell hat, um daraus weitere Bearbeitungsschritte, dargestellt im fünften Kapitel, abzuleiten.

Konflikte sind aufgrund der hier verwendeten Definition entweder vorhanden oder nicht. Wenn andere Autoren von verdeckten und latenten Konflikten bzw. Spannungssituationen als Vorstadium von Konflikten ausgehen, verwenden sie entweder andere Definitionen oder sie meinen eigentlich die unterschiedlichen Intensitäten eines Konflikts. Denn wenn eine Person „Spannungen" wahrnimmt, wird dies erst ein Konflikt, wenn diese als Beeinträchtigung im Handeln erlebt wird. Insofern gibt es nicht einen Konfliktverlauf der von latent bis manifest verläuft, sondern ein existierender Konflikt

---

96 Vgl. Krüger, W., Konfliktsteuerung, a.a.O., S. 70.

verläuft auf verschiedenen Intensitätsstufen. Eskalation und Deeskalation beschreiben den dynamischen Verlauf eines Konflikts, wie er sich aus dem Verhalten der Parteien heraus entwickelt.[97] Wenn sie deeskalieren, nehmen sie eine niedrigere Intensitätsstufe ein, wenn sie eskalieren eine höhere Intensitätsstufe. Dieser dynamische Prozess wird im Eskalationsmodell von Glasl abbgebildet.[98]

Er unterscheidet neun Eskalationsstufen von Konflikten, welche er auf drei Phasen aufteilt. Die ersten drei Eskalationstufen bilden „win-win" Situationen, welches bedeutet, dass die Konfliktparteien ihre Differenzen noch in der objektiven Sphäre ansiedeln, an eine friedliche Lösung glauben und das Ziel einer gemeinsamen Problemlösung verfolgen. Auch wenn die kompetitiven Einstellungen zunehmen, können beide Konfliktparteien aus der Lösung noch Nutzen ziehen.[99]

In der zweiten Phase, also den Eskalationsstufen vier bis sechs, verlagert sich der Konflikt in die subjektive Sphäre und das ursprüngliche Problem wird zunehmend zur Nebensache. Emotionen und Irrationalitäten dominieren und die Konfliktparteien versuchen jeweils den Sieg für sich durchzusetzen. Ihnen wird bewusst, dass in dieser „win-lose" Phase die Auflösung des Konfliktes nur mit der Niederlage der anderen Partei zu erreichen ist.[100]

In der letzten Phase, der „lose-lose" Phase, werden die Konfliktparteien zum dinghaften Objekt, auf welches sich nun die vollen Emotionen konzentriert. In dieser Situation kann keiner mehr gewinnen, es geht jetzt nur noch darum, der anderen Konfliktpartei den größeren Schaden zuzufügen. Im Extremfall wird dazu auch der eigene Existenzverlust in Kauf genommen.[101]

Die Entwicklung von einer Phasen zur Nächsten bedingt die Überwindung von Schwellen- oder Wendepunkten. Werden diese überschritten ist ein Rückgang nur schwer möglich. Je höher die Eskalationsstufe, desto weniger geht es um das eigentliche Problem. Der Konflikt wird personalisiert, die Kommunikation wird zunehmend schwieriger und die Gefahr der Bildung zusätzlicher Konfliktherde wächst, so dass sich der Konflikt auf anderen Ebenen ausweitet. Mit jeder höheren Eskalationsstufe schwinden Handlungsalternativen. Für diese Eigendynamik gibt es mindestens drei Gründe. Erstens hat keine der Konfliktparteien den Eskalationsverlauf alleine in der Hand, zweitens werden die Beteiligten mit zunehmender Konfliktintensität durch Außenstehende beeinflusst und drittens sind Konflikte stets emotional wirksam.[102]

---

97 Vgl. Berkel, K., Konflikte in und zwischen Gruppen, in: Domsch, M.; Regnet, E.; Rosenstiel, L., v., Führung von Mitarbeitern, Stuttgart 1995, S. 291.
98 Vgl. Glasl, F., a.a.O., S. 215ff.
99 Vgl. Wahren, H., Gruppen- und Teamarbeit im Unternehmen, Berlin 1994, S. 173.; Glasl, F., a.a.O., S. 215ff.
100 Vgl. Wahren, H., Gruppen- und Teamarbeit, a.a.O., S. 173.; Glasl, F., a.a.O., S. 215ff.
101 Vgl. ebenda.
102 Vgl. Titscher, S., Konflikte als Führungsproblem, in: Kieser, E.,(Hrsg.), Handwörterbuch der Führung, Stuttgart 1995, S. 1330.

Die Methoden in der folgenden Tabelle sind aus didaktischen Gründen mitdargestellt, werden allerdings erst für das fünfte Kapitel relevant.

Tab. 7: Das Eskalationsmodell

Eskalationsstufen	Schwellen	Verhaltensaspekt	Methoden
1. Verhärtung		Standpunkte verhärten sich zuweilen und prallen aufeinander, es sind noch keine starren Lager und Meinungen vorhanden	Konflikt-moderation, Harvard-konzept
2. Debatte	WIN-WIN	Polarisation im Denken, Fühlen, Handeln; ermüdende Debatten, taktische Finessen; es bilden sich Subgruppen und verhärtete Standpunkte	
3. Taten		Reden hilft nicht mehr, es müssen Taten folgen; keiner will mehr nachgeben; Gegner sollen jeweils eigene Auffassung übernehmen	
4. Koalitionen	WIN-LOSE	Schwarz-Weiß Denken beginnt, der Gegner wird zum Feind; Anhänger werden geworben und Koalitionen entstehen	Prozess Begleitung, Mediation, Schieds-Verfahren, Autorität
5. Gesichts-verlust		wahnhaft übersteigertes Selbstbild benötigt ein Feindbild; öffentliche Bloßstellung, Diffamierung des Anderen	
6. Droh-stratgien		es bleibt nur noch die Flucht nach vorne, Drohung und Gegendrohung eskalieren und erzeugen eine verhängnisvolle Abhängigkeit	
7. Schlacht	LOSE-LOSE	der Feind muss skrupellos manipuliert und unschädlich gemacht werden; eine Niederlage wird akzeptiert, wenn der Schaden für den Gegner größer ist	Schieds-Verfahren, Autoritärer-Machteingriff Projektabbruch
8. Vernichtungs-feldzug		der Feind muss völlig vernichtet werden; die Opferbereitschaft wächst, nur das eigene Überleben zählt	
9. Gemeinsamer Untergang		Krieg gegen jeden, Vernichtung des Feindes als einziges Lebensziel	

Quelle: Vgl. Scholz, C., Personalmanagement, München 2000, S. 638.

2.7 Konfliktwirkungen

Existierende Konflikte lassen noch keinen Rückschluss über deren Wirkungen zu. Ob ein Konflikt eine destruktive oder konstruktive Funktion ausübt, hängt allein vom Konfliktverhalten der Konfliktparteien ab. Die Komplexität von Konfliktprozessen spiegelt sich in den ambivalenten Wirkungen wieder. Konflikte können konstruktive, man spricht auch von funktionalen, und destruktive, also dysfunktionale Wirkungen ausüben.[103]

---

103 Vgl. Marr, R.; Stitzel, M., Personalwirtschaft - Ein konfliktorientierter Ansatz, München 1979, S. 97ff.

Dysfunktionale Wirkungen sind, im Gegensatz zu funktionalen, aus dem Alltag zu genüge bekannt und können direkt in der Abbildung 8 abgelesen werden. Die vernachlässigten funktionalen Wirkungen sollen deshalb anhand folgender Beispiele erläutet werden.

Konflikte grenzen Interessen, Gruppen und Probleme voneinander ab, schaffen Klarheit und Identität. Die funktionale Wirkung besteht darin, Probleme und Schwachstellen aufzuzeigen. Bestehende Unterschiede werden damit für die Konfliktparteien überhaupt erst nutzbar und ermöglichen eine Lösungssuche.[104]

Konflikte sorgen für Einheitlichkeit und Stabilität in einer Gruppe. Sog. „Abweichler" geraten unter Druck und werden zur Erläuterung ihrer Position gezwungen. Die Meinung, welche die Einheitlichkeit der Gruppe in Frage stellt, kann so wieder verändert und der „Abweichler" wieder in die Gruppe integriert werden. So können Konflikte Übereinstimmung in Gruppen fördern. Allerdings kann der „Störenfried" auch ausgeschlossen werden, was ebenfalls für Stabilität innerhalb der Gruppe sorgt.[105]

Durch Diskussion in Konfliktsituationen, können viele unterschiedliche Positionen und Meinungen zusammenkommen. Das dadurch entstehende Gesamtbild ist komplexer als die Einzelmeinung. Konflikte erlauben in dieser Situation die vielseitige Visualisierung eines Problems und fördern damit das Verständnis von Komplexität.

Versuchen Einzelne allerdings ihre Meinungen und Sonderwünsche zu aggressiv durchzusetzen, geht die Gruppe dagegen vor. Denn irgendwann stört die Vielfalt und die Sonderinteressen und sie müssen sich den Allgemeininteressen unterordnen. In diesen Situationen fördern Konflikte die Gemeinsamkeit der Gruppe zur Erhaltung der Arbeitsfähigkeit.

Ein weiterer Effekt von Konflikten ist seine motivierende Wirkung, sie können als Motiv zur Lösung eines Problems, zur Neuorientierung und Verhaltensänderung dienen.[106]

Schließlich verhindern Konflikte Stagnation, regen Interesse und Neugier an. Sie bilden die Wurzel für Veränderung der Persönlichkeit, der Gruppe oder eines Unternehmens.[107]

Da die zahlreichen und unterschiedlichen Wirkungen, Funktionen, Sinn und Aufgaben von Konflikten in der Literatur weit verstreut sind, wurden sie für diese Arbeit in Tabelle 8 neu zusammengestellt und nach Kriterien der Konfliktwirkungen und den betrieblichen Konfliktbereichen geordnet.

---

104 Vgl. Spisak, M., a.a.O., S. 320.; Gommlich, F.; Tieftrunk, A., a.a.O., S. 36.
105 Vgl. Gommlich, F.; Tieftrunk, A., a.a.O., S. 37ff.
106 Vgl. Delhees, K., a.a.O., S.11.
107 Vgl. Spisak, M., a.a.O., S. 320.

Tab. 8: Wirkungen und Funktionen von Konflikten

Wirkungen und Funktionen von Konflikten	
Funktional	**Dysfunktional**
Allgemein	

- fördert Problemverständnis
- forciert Lösungsdruck
- fördert Interaktion
- stimuliert Idee und Interesse
- fördert konstruktiven Wettbewerb
- schafft klare Verhältnisse
	- Organisatorische Störungen und Leistungs-
	  abfall
	- Sozio-emotionale Störungen und Leistungs-
	  abfall
	- Abnahme an Rationalität und Aufbau von
	  Emotionalität

Individuum	

- macht Unterschiede transparent
- fördert Interesse und Neugier
- motiviert zur Problemlösung
- lernen von Konflikttoleranz, Konfliktaustra-
  gung, Diskussionsfähigkeit, Kooperationsfä-
  higkeit
- berücksichtigt Mitarbeiterbedürfnisse
- fördert die Selbstwahrnehmung
	- Resignation und Leistungsabfall
	- Frustration durch Nichtberücksichtigung der
	  Mitarbeiterbedürfnisse
	- destruktiv, demotiviert
	- physische und psychische Belastung
	- Krankheiten/ Fehlzeiten/ Fluktuation
	- Stress und Unzufriedenheit
	- Wahrnehmungsverzerrungen und Stereoty-
	  penbildung

Gruppe	

- Verbesserung des Organisationsklima:
  erhöht Gruppenkohäsion
  garantieren Gemeinsamkeit, Identität
  sorgt für Stabilität
- fördert Komplexitätsverständnis
- fördert Komplexitätsbewältigung
- zeigt Veränderungsbedarf an
- fördert produktiven Lernprozess
	- Stagnation und Leistungsabfall
	- stört und blockiert Gruppenprozesse
	- Misstrauen und Unzufriedenheit
	- Frustration
	- Fördert Krankheiten/ Fehlzeiten/ Fluktuation
	- Verschlechterung der sozialen Situation

Organisation	

- stellt Voraussetzung für organisatorischen
  Wandel, Anpassung, Innovation
- Verbesserung der Lösungsqualität / auffin-
  den innovativer Lösungen
- höhere Anpassungsfähigkeit
- Leistungssteigerung und Loyalität
- Klärung der Kompetenz-, Verantwortungs-
  und Aufgabenbereiche
- macht Unterschiede transparent
- zeigt Veränderungsbedarf an
- sorgt für Stabilität
- fördert die sog. Lernende Organisation
- ermöglicht offene Fehlerkultur
	- Verschlechterung der Kosten-Leistungs-
	  Relation:
	  Stagnation und Leistungsabfall
	  Störung des Leistungsprozesses
	  Opportunitäts- und Folgekosten
	  Leistungsentzug (Fluktuation /Absenz)
	- fördert Unzufriedenheit, Widerstände und
	  Abteilungsegoismus
	- Störung der Kommunikation und Kooperati-
	  on
	- Verminderung der organisatorischen
	- Integration und Stabilität
	- Vergeudung von Ressourcen

Quelle: eigene Darstellung,
Vgl. Lippmann, E., Konfliktmanagement als Führungsaufgabe, in: Management-Zeitschrift Industrielle Organisation, Heft 69/2000 Nr.3, S. 26.; Marr, R.; Stitzel, M., Personalwirtschaft, München 1979, S. 99.; Bay, R., Teams effizient führen, Würzburg 1998, S. 149.; Schwarz, G., Konfliktmanagement: Konflikte erkennen, analysieren, lösen, Wiesbaden 1999, S. 17-32.; Bosshard, K., Konflikt und Konfliktmessung im Unternehmen, München 1988, S. 130.; Staehle, Wolfgang H., Management, München 1999, S. 391ff.

Sowohl den funktionalen als auch den dysfunktionalen Konfliktwirkungen und -prozessen kann man Mortons „Elementares Gesetz sozialer Beziehungen" zugrunde legen. Dieses besagt, dass die charakteristischen Prozesse und Auswirkungen, die von einer bestimmten Art sozialer Beziehung, z.B. kooperativ oder kompetitiv, ausgehen, auch die Tendenz haben eben diese Art sozialer Beziehung auszulösen und zu fördern.[108]

2.8 Gestaltungselemente des Konflikts

Die dargestellten Grundlagen zum komplexen und dynamischen Phänomen Konflikt sollen nun schrittweise in ein Arbeitsmodell für ein zukünftiges Managementinstrument des Konfliktmanagements transformiert werden. Die Idee für das Arbeitsmodell besteht darin, gestaltungsrelevante Elemente miteinander zu verknüpfen. Die Verknüpfung ergibt sich aus den handlungsorientierten Fragen, „was" soll gestaltet werden, „wie" soll was gestaltet werden, in welcher Dimension soll was gestaltet werden und wo bzw. bei wem soll was gestaltet werden. Die Fragen nach dem „wie" und dem „was" müssen vorläufig aus didaktischen Gründen zurückgestellt werden. Die Frage, welche Dimension des Konflikts gestaltet werden soll, also die Frage nach dem Zustand bzw. der Qualität des Konflikts, knüpft an die sachlich-intellektuelle, die sozio-emotionelle und die wertmäßig-kulturelle Dimension an. Die Frage nach dem wo, bzw. bei wem gestaltet werden soll, knüpft an den Ort des Konflikts an. Diese unterteilen sich in den Individual-, Intragruppal -und Intergruppalbereich.

108 Vgl. Deutsch, M., a.a.O., S. 175.

3 Konfliktmanagement

Wenn Konflikte funktionale und dysfunktionale Wirkungen gleichzeitig entwickeln können, ist die Überlegung naheliegend, den jeweiligen Verlauf entsprechend seiner Zielwirkung beeinflussen zu wollen.[109] Und dies zumal der Verlauf des Konfliktes vom Verhalten der Konfliktparteien abhängt und damit entsprechend beeinflussbar ist. Allgemein ist das Ziel im Konfliktmanagement durch entsprechende Interventionen den Konfliktverlauf nutzbringend zu beeinflussen.[110] Damit knüpft dieser Ansatz an die Konflikthandhabungsform der Konfliktregelung an, wie sie im ersten Kapitel beschrieben wurde. Das Konfliktmanagement auf Unternehmensebene stellt damit dessen erste Spezialisierung und die Aufgaben des Konfliktmanagers die erste Konkretisierung dar.

3.1 Begriff Konfliktmanagement

Genau wie die Definition des Konflikts wird auch die Begrifflichkeit des Konfliktmanagements nicht einheitlich verwendet. So werden Konfliktlösung, -bewältigung, -handhabung, -gestaltung, -regelung und -steuerung synonym mit Konfliktmanagement in der Literatur verwendet. Den Begriffen ist lediglich gemein, das sie sich auf den Umgang mit Konfliktreaktionen beziehen.[111] Der Unterschied der einzelnen Definitionen drückt sich vor allem im angestrebten Ziel oder Zustand aus. So geht bspw. ein Management mit dem Ziel der Konfliktlösung davon aus, dass sich Konflikte tatsächlich „weglösen" lassen und ein konfliktfreier Zustand hergestellt wird. Da es nicht möglich ist konfliktfreie Unternehmen, wohl aber den Konflikt zu gestalten, wird hier auch eine entsprechende Definition zugrundegelegt.[112]

> Konfliktmanagement ist die zielorientierte, bewusste Gestaltung und Steuerung von Konfliktfeldern und Konfliktprozessen [113]

3.2 Ziele und Aufgaben des Konfliktmanagements

Gegenstand ist nicht das angesprochene „Weglösen", sondern ein effizienter und konstruktive Umgang mit Konflikten.[114] Dieses impliziert, dass man die Konflikthandha-

109 Vgl. Braun, G., a.a.O., S. 103.
110 Vgl. Jost, Konfliktmanagement und das Organisationsproblem, in: WISU, Heft 4/2000, S. 510.
111 Vgl. Bosshard, K., a.a.O., S. 104.
112 Vgl. Krüger, W., Konfliktsteuerung, a.a.O., S. 14.
113 Vgl. Krüger, W., Konfliktsteuerung, a.a.O., S. 15.

38

bung zielorientiert gestaltet. Was sind nun mögliche Ziele, an welchen sich ein Konfliktmanagement ausrichten kann? Zunächst ist festzuhalten, dass Ziele eines Konfliktmanagements natürlich von den Zielen des Unternehmens abhängen und mit ihnen in Einklang stehen müssen. Es gilt also im konkreten Einzelfall zu prüfen, welche Art der Konflikthandhabung mit den dabei zu erzielenden Wirkungen die Unternehmensziele am besten unterstützt. So wird ein traditionsorientiertes Unternehmen, welches auf einem gefestigten Markt operiert, andere Ziele und damit auch eine andere Art der Konflikthandhabung verfolgen, als ein hochdynamisches, innovatives Unternehmen, welches auf einem sich schnell ändernden Markt operiert. Im ersten Fall werden Konflikte primär als Störfaktoren bei der effizienten Abwicklung bestehender Aufgaben betrachtet. Als Konsequenz werden Konflikte unterdrückt, umgangen oder überspielt.[115] Unternehmen, welche Projektmanagement einsetzen, lassen sich dem zweiten Fall zuordnen. Dort dominieren Ziele des Wandels, der Innovation und Anpassung, die sich z.B. in Verkürzung der Produktlebenszyklen und dadurch schnelleren Änderungen im Produktsortiment darstellen.[116] Die strategische Zielausrichtung des Unternehmens bestimmt die Rahmenbedingungen, innerhalb derer das Konfliktmanagement die Gestaltung der Konfliktfelder und des Konfliktprozesses übernehmen kann.

Zwischen den erwünschten funktionale und unerwünschten dysfunktionale Wirkungen eines Konflikts bestehen Interdependenzen. Für die eine Konfliktpartei können sie funktional, für die andere im gleichen Moment dysfunktional sein.[117] Daraus folgt, dass Konflikte sowohl unter sozialen als auch wirtschaftlichen Gesichtspunkten betrachtet werden müssen. Im Rahmen des Konfliktmanagements gilt es einen Mittelweg zu finden und die Entfaltung der erwünschten funktionalen Wirkungen so zu steuern, dass die unerwünschten dysfunktionalen Wirkungen nicht dominieren können. Die Wirkungsabsichten werden somit in eine Zielbetrachtung überführt, d.h. die erwünschten Wirkungen werden als Ziele der Konflikthandhabung angesehen.[118] Ziel der Konflikthandhabung ist das über Strategien und Methoden anzustrebende optimale Konfliktniveau zwischen Individuen, in und zwischen Gruppen einer Organisation.[119]

Das Modell des optimalen Konfliktniveaus nach Krüger setzt sich aus den beiden Komponenten der Konfliktbelastung und der Konfliktkapazität zusammen. Die Kapazität beschreibt sowohl für eine Einzelperson, als auch für Gruppen und Organisationen eine begrenzte, aber beeinflussbare Größe, welche auf Erfahrungen, Kenntnisse und Persönlichkeitsfaktoren basiert. Der Bereich des optimalen Konfliktniveaus stellt das im Hinblick auf die angestrebte Zielwirkung richtige Ausmaß an Konfliktbelas-

---

114 Vgl. Rosenstiel, Lutz von, Organisationspsychologie, Stuttgart 1995, S. 200.; Toemmler -Stolze, K., a.a.O., S. 842.
115 Vgl. Krüger, W., Konfliktsteuerung, a.a.O., S. 19.
116 Vgl. Krüger, W., Konfliktsteuerung, a.a.O., S. 19.
117 Vgl. Marr, R.; Stitzel, M., a.a.O., S. 101.
118 Vgl. Wahren, H.-K., Gruppen- und Teamarbeit, a.a.O., S. 173.; Krüger, W., Konflikthandhabung, a.a.O., S. 23.
119 Vgl. Krüger, W., Konflikthandhabung, a.a.O., S. 19.

tung dar. Das bedeutet, dass die produktive Zielwirkung mit zunehmender Konfliktbelastung bis zum Scheitelpunkt (optimaler Konflikt) steigt. Steigt die Belastung über
die Konfliktkapazität hinaus, dann setzten unproduktive Effekte ein und die Zielwirkung sinkt wieder sehr schnell. Ist die Konfliktbelastung kleiner als die Konfliktkapazität, so überwiegen die erwünschten Zielwirkungen; ist sie aber größer als die Konfliktkapazität so überwiegen unerwünschte Zielwirkungen.[120] Im Rahmen dieser Konfliktsteuerung kann es sogar notwendig und sinnvoll sein, Konflikte zu stimulieren.

Abb. 2: Das optimale Konfliktniveau

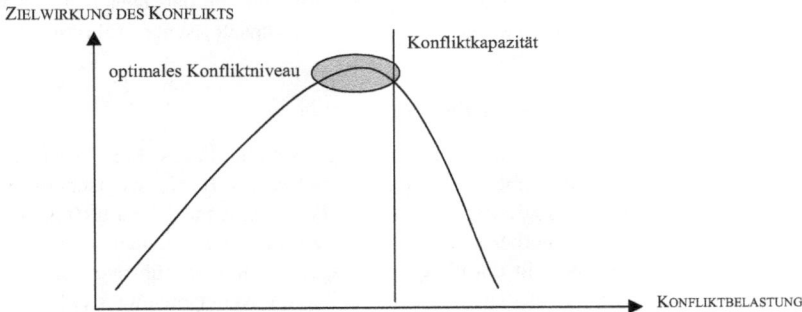

ZIELWIRKUNG DES KONFLIKTS

optimales Konfliktniveau

Konfliktkapazität

KONFLIKTBELASTUNG

Quelle: Vgl. Krüger, W., Konfliktsteuerung als Führungsaufgabe, München 1973, S. 22.

Die Idee, dass eine mittlere Konfliktbelastung eine optimale Zielwirkung darstellt, findet ihre Bestätigung in einem weiteren Modell von Kast. Dort wird zwar nicht Innovation, Wandel und Anpassung als Zielwirkung verwendet, sondern organisatorische
Effizienz; es zeigt aber das gleiche Prinzip auf.[121] Unter Effizienz lässt sich z.B. die
angesprochene soziale und wirtschaftliche Effizienz verstehen.

Die Ziele des Konfliktmanagements werden also zunächst aus den strategischen Unternehmenszielen abgeleitet, um dann in Abhängigkeit von einer bestehenden Situation
das optimale Konfliktniveau anzusteuern.

Allerdings kann das optimale Konfliktniveau nur als Orientierung für die Konflikthandhabung dienen, denn für die Managementpraxis bleibt die Frage offen, ab wann
genau ein Konfliktniveau für eine Situation optimal ist und wie dies gemessen werden
kann. Diese Problematik ist z.B. auch aus den Bereichen der betrieblichen Mitarbeiter-
führung, was die Motivation, die Arbeitszufriedenheit und die optimale Leistungserbringung eines Mitarbeiters oder einer Gruppe anbelangt, bekannt. Hier wird ange-

---

120 Vgl. Krüger, W., Konfliktsteuerung, a.a.O., S. 22.
121 Vgl. Kast, F.; Rosenzweig, J., Organization and Management, Tokyo 1984, S. 344.;
    Grunwald, W., Umgang mit Konflikten, a.a.O., S. 23.

nommen, dass ein optimales Stimulationsniveau mit einer optimalen Leistung einhergeht.[122]

3.2.1 Konfliktmanagement als Querschnittsfunktion

In dieser Arbeit soll der Konfliktmanagementansatz nicht als eine eigenständige und weitere Managementkonzeption, sondern als integraler Bestandteil des bestehenden Managementzyklus (Planen, Organisieren, Führen, Kontrollieren) betrachtet werden. Unter diesem Aspekt stellt sich das Konfliktmanagement im Verhältnis zu den vorhandenen Managementfunktionen als eine Querschnittsfunktion dar. Dies bedeutet für den Manager eine neue Aufgabe mit planerischen, organisatorischen, führungsmäßigen und kontrollierenden Elementen.[123]

3.2.2 Konfliktmanagement als Führungsaufgabe

Weder in der Fachliteratur noch in der Praxis liegt ein einheitliches Begriffsverständnis zu Management und Führung vor. Weil sich neben der Betriebswirtschaftslehre auch die Psychologie, Soziologie und die Arbeitswissenschaft mit Führungsfragen beschäftigt, handelt es sich hierbei um ein interdisziplinär ausgerichtetes Tätigkeitsfeld.[124] Ein Unterschied besteht darin, dass Management immer Führung beinhaltet, aber nicht umgekehrt. So versteht man unter Führung die Managementaktivitäten, die auf die Menschen im Unternehmen ausgerichtet sind.[125] Führung kann als ein komplexes Phänomen verstanden werden und tritt immer dann auf, wenn mehrere Personen durch soziale Beziehungen miteinander verbunden sind. Führung wirkt grundsätzlich auf Andere ein, um ihnen eine Richtung auf ein Ziel zu weisen.[126]

Sie lässt sich rein gedanklich in sachbezogene und personenbezogene Führung unterteilen. Im sachbezogenen Fall versteht man den zielorientierten Einsatz von Führungstechniken, wie z.B. Information, Planung, Organisation, und Kontrolle, zur Bewältigung von Führungsaufgaben. Im personenbezogenen Fall versteht man die zielorientierte Verhaltensbeeinflussung von Mitarbeitern als eine permanente Aufgabe

---

122 Vgl. Kiechl, R., Wirksam Konflikte lösen, in: Management-Zeitschrift Industrielle Organisation, Heft 59/1990 Nr.7/8, S. 47.; Wunderer, R.; Grunwald, W., Führungslehre Band II, Berlin 1980, S. 413ff.; Comelli, G.; Rosenstiel, L., v., Führung durch Motivation, München 2001, S. 41ff.
123 Vgl. Krüger, W., Konfliktsteuerung, a.a.O., S. 16.
124 Vgl. Reiß, M., Führung, in: Reiß, M.; Corsten, Betriebswirtschaftslehre, Oldenbourg 1999, S. 213.
125 Vgl. Wurst, K.; Högl, M., Führungsaktivitäten in Teams: Ein theoretischer Ansatz zur Konzeptionalisierung, in: Gemünden, H., G.; Högl, M., Management von Teams, Wiesbaden 2000, S. 161.
126 Vgl. Bleicher, K., Führung, in: Wittmann, W. & Kern, W. & Köhler, R. et al. (Hrsg.): Handwörterbuch der Betriebswirtschaft, Stuttgart 1993, S. 1271.

aller Führungskräfte im Unternehmen.[127] Führen ist dann konkretes Handeln, das sich steuernd und gestaltend auf das Handeln Anderer bezieht.[128] Beide Arten von Führungsaktivitäten sind integraler Bestandteil eines Konfliktmanagements. Da normalerweise Führungskräfte nicht primär an ihrer unmittelbaren sachlichen Arbeit gemessen werden, sondern am Gesamterfolg ihres Verantwortungsbereiches, sind sie für die Motivation und Leistungserbringung ihrer Mitarbeiter verantwortlich.[129] Und damit kann der Führungskraft direkt die Aufgabe und die Verantwortung für eine produktive Konflikthandhabung zugeordnet werden. Sie sind Repräsentanten des von ihnen zu führenden Bereiches und sind, insbesondere mit steigender Position, verstärkt mit Konflikten konfrontiert.[130] In diesem Sinne lässt sich Konfliktmanagement als eine eindeutige Führungsaufgabe charakterisieren.

3.2.3 Gestaltungsansätze des Konfliktmanagements

Kennzeichen eines handlungsfähigen Konfliktmanagements ist die Systematik der Vorgehensweise. Diese soll hier mit dem Begriff des Gestaltungsansatzes beschrieben werden, um die Bedeutung der aktiven Gestaltung zu unterstreichen. Systematisch heißt, sich einmal im Vorfeld z.b. eines Projektes Gedanken zu machen, wie das jeweils erforderliche optimale Konfliktniveau angesteuert werden kann und andermal Methoden[131] für aktuelle Konfliktsituation zur Verfügung zu haben.

Damit lässt sich das Vorgehen des Konfliktmanagements in einen präventiven- und einen situativen Gestaltungsansatz unterscheiden. Der präventive Gestaltungsansatz des Konfliktmanagements beinhaltet die Strategien der Konfliktminimierung, der Konfliktbefähigung und der Konfliktstimulierung. Der situative Gestaltungsansatz des Konfliktmanagements kommt dann zum Einsatz, wenn Konflikte vorhanden sind. Die verschiedenen Strategien im Umgang mit dem Konflikt sind hier, erstens die Konfliktunterdrückung, zweitens die Konfliktbewältigung, drittens die Konfliktakzeptanz und viertens die Konfliktstimulierung. Allen Strategien sind einzelne Methoden zur Realisierung untergliedert, auf welche im fünften Kapitel noch eingegangen wird.

3.3 Konfliktwürfel

Am Ende des 2. Kapitels wurden die Gestaltungselemente der Gestaltungsbereiche und der Gestaltungsdimensionen des Konflikts eingeführt. Da nun die Ziele und

---

127 Vgl. Korndörfer, Wolfgang, Unternehmensführungslehre, Einführung, Entscheidungslogik, soziale Kompetenten, Wiesbaden 1995, S. 19.
128 Vgl. Wild, J., Betriebswirtschaftliche Führungslehre, in: Wunderer, R., BWL als Management und Führungslehre, Stuttgart 1995, S. 316.
129 Vgl. Birker, K., Betriebliche Kommunikation, Berlin 2000, S. 19.
130 Vgl. Titscher, S., a.a.O., S. 57.
131 Vgl. Schnorrenberg, U.; Goebels, G., Risikomanagement in Projekten, Braunschweig 1997, S. 17.; Erläuterung zum Begriff Methode: wissenschaftlich wird die Methode als eine mehr oder weniger detaillierte und formalisierte Anleitung zur Bewältigung von Aufgaben und Problemen verstanden.

Grundlagen des Konfliktmanagements vorliegen, kann damit die angefangene Verknüpfung im Arbeitsmodell zu einem Managementinstrument vervollständigt werden. Die Frage nach dem „was" gestaltet werden soll, knüpft an das Ziel des Konfliktmanagements an. Dieses liegt in der beschriebenen Orientierung am optimalen Konfliktniveau in Abhängigkeit vom Unternehmensziel und der jeweiligen Situation. Die Frage „wie", zu gestalten gilt, also nach der Art und Weise, knüpft an die Gestaltungsansätze, Strategien und Methoden an. Die Visualisierung der verknüpften Gestaltungselemente, lässt sich am besten mit Hilfe eines drei dimensionalen Würfels abbilden.

Abb. 3: Der Konfliktwürfel

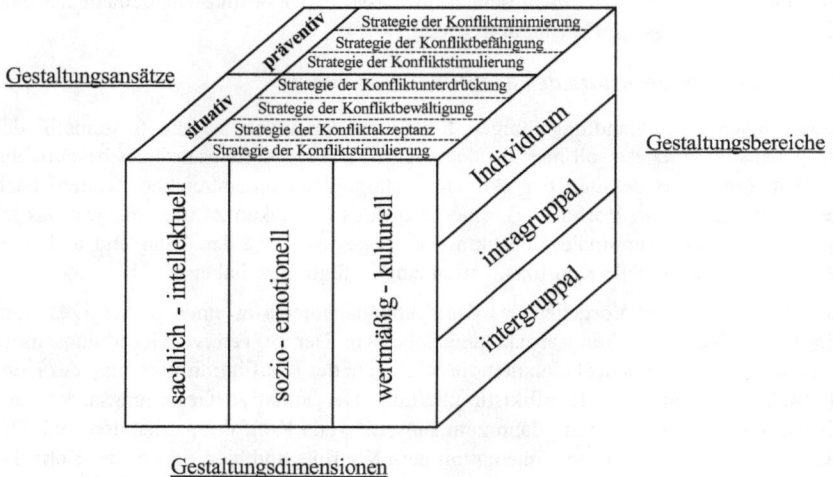

Quelle: eigene Darstellung

Der Würfel dient dem Konfliktmanagement als Leitfaden und Orientierung für die Analyse, in welchem Bereich und in welcher Dimension sich der Konflikt befindet. Er dient ihm weiter als Leitfaden zur Planung und Gestaltung des optimalen Konfliktniveaus im präventiven und situativen Gestaltungsansatz. Diese Ansätze können dabei unterschieden werden nach den Gestaltungsdimension und den Gestaltungsbereichen. So kann z.b. ein präventiver Gestaltungsansatz zum optimalen Konfliktniveau im Bereich der Gruppe auf die sozio-emotionelle Dimension abzielen. Die entsprechende Strategie könnte die Konfliktbefähigung der Gruppe und die konkrete Methode könnte dann z.B. ein entsprechendes Konflikttraining sein.

3.4 Potentielle und aktuelle Konfliktfelder

Konflikte treten immer über Personen aktualisiert auf und lassen sich somit im Unternehmen örtlich lokalisieren. Unternehmungen sind in Organisationseinheiten wie Sparten, Abteilungen, Stellen, usw. gegliedert, welche direkten Aufgabenträgern bzw.

Verantwortungsträgern zugeordnet sind. D.h. der Abteilungsleiter trägt die unternehmerische Verantwortung für seine ihm unterstellte Abteilung. Das gilt auch für Konflikte. Man spricht dann vom potentiellen Konfliktfeld. Mit dem Begriff des aktuellen Konfliktfeldes ist der Bereich gemeint, in welchem ein Konflikt von Personen innerhalb des potentiellen Konfliktfeldes aktualisiert wird. Damit ist das aktuelle Konfliktfeld höchstens gleich groß, meistens aber kleiner als das potentielle Konfliktfeld.[132]

Abb. 4: Konfliktfelder

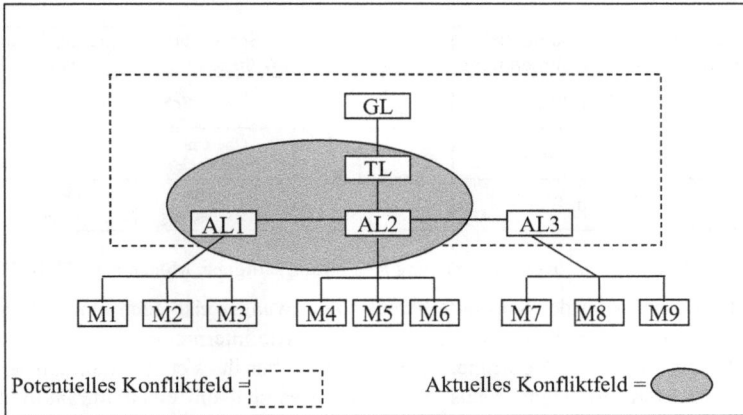

Quelle: Vgl. Krüger, W., Konfliktsteuerung als Führungsaufgabe, München 1973, S. 30.

Wie die Grafik verdeutlicht, unterstehen die drei Abteilungsleiter (AL) dem Technische Leiter (TL) und dieser der Geschäftsleitung (GL). AL1 und AL2 haben einen Konflikt und dieser fällt in den Verantwortungsbereich des verantwortungshöheren TL. Zusammen bilden sie das aktuelle Konfliktfeld.[133]

3.5 Aufgabenzyklus des Konfliktmanagers

Die Gestaltung und Steuerung eines optimalen Konfliktniveaus orientiert sich am Ablauf der Konfliktprozesse, was zu verschiedenen Teilaufgaben der Führungskraft führt.[134] Diese bilden den Aufgabenzyklus der Konflikterkennung, Konfliktanalyse und der Konflikthandhabung. Für die Führungskraft bedeutet diese Verantwortungserweiterung die Wahrnehmung der neuen Rolle des Konfliktmanagers.

---

132 Vgl. Krüger, W., Konfliktsteuerung, a.a.O., S. 31.
133 Vgl. Krüger, W., Konfliktsteuerung, a.a.O., S. 30.
134 Vgl. ebenda, S. 24.

3.5.1 Konflikte erkennen

Die Anforderung liegt darin, Konfliktsignale aus dem betrieblichen Alltagsgeschäft richtig einzuordnen und Scheinkonflikte, von tatsächlichen zu unterscheiden. Eine frühe Wahrnehmung ist für weitere Maßnahmen sehr wichtig. Denn mit jeder weiteren Eskalationsstufe des Konflikts erhöhen sich Kosten und Zeitaufwand der Konflikthandhabung.[135]

Tab. 9: Konfliktwahrnehmung

Objektives Vorhandensein	Subjektive Wahrnehmung	Keine Wahrnehmung	Schwache Wahrnehmung	Starke Wahrnehmung
Kein Konflikt		Übereinstimmung	Scheinkonflikt	
Schwacher Konflikt		Konfliktlücke	Übereinstimmung	Konflikt-überschätzung
Starker Konflikt			Konflikt-unterschätzung	Übereinstimmung

Quelle: Vgl. Krüger, W., Konfliktsteuerung als Führungsaufgabe, München 1973, S. 39.

Aus der Komplexität der Konflikte heraus folgt zwangsweise auch eine Komplexität im Erkennen der Signale, die sich als Konfliktsignale interpretieren lassen. Da immer eine Person Träger von Konflikten ist und diesen über ihr Verhalten aktualisiert, sendet sie damit Konfliktsignale aus. Selbst wenn es sich um einen Intraindividuellen Konflikt handelt, werden sich die entsprechenden einstellenden Reaktionen und Verhaltensweisen beobachten lassen.

Welche Verhaltensweisen könnten als Konfliktsignale verstanden werden?

Beispielsweise, dass sich einzelne Gruppenmitglieder nicht mehr an der gemeinsamen Arbeit engagieren, dass Argumente aggressiv vorgebracht werden, dass Informationen verfälscht oder zurückgehalten werden, dass Gruppenmitglieder bzgl. der Zusammenarbeit ungeduldig sind, dass Gruppenmitglieder an der Aufgabenstellung und Vorgehensweise zweifeln, dass Kommunikationsstörungen in Form von Killerphrasen auftreten, Mitglieder sich persönlich angreifen, subtil, ironisch oder direkt, dass sich Gruppenmitglieder separieren, Seitengespräche führen, und kleine Nebenarbeiten erledigen, dass eine gelangweilte oder frostige Stimmung vorliegt, dass die Mitarbeiter Dienst nach Vorschrift machen, die Fehlzeiten und Mitarbeiterfluktuation steigen, Mitarbeiter in Diskussionen stur auf ihren Positionen bleiben und abschließend aber nicht erschöpfend am Intrigantentum, wenn negative Äußerungen hinter dem Rücken der Betroffenen geäußert werden.[136]

---

135 Vgl. Vedder, G.; Behner, R., Konfliktmanagement als kritischer Erfolgsfaktor, in: Organisationsentwicklung, Heft 4/99, S. 9.
136 Vgl. Gommlich, F.;Tieftrunk, A., a.a.O., S. 80ff.; Kratz, H.; Sundermeier, R., Konflikte in Gruppen, a.a.O., S. 183.; Birker, G.; Birker, K., Teamentwicklung und Konfliktmana-

An diesen Signalen setzt das Wahrnehmen und Erkennen des Konfliktmanagers an. Dabei spielt die Erfahrung des Konfliktmanagers eine wesentliche Rolle. Denn der Erkenntnisvorgang ist natürlich ein subjektiver Prozess und kann keine objektiven Ergebnisse liefern. Allerdings kann er sich Techniken bedienen, um seine Einschätzungen abzusichern. Zum Beispiel mit der sog. Blitzlicht-Technik. Dazu holt der Konfliktmanager kurze Statements der Beteiligten zu einer spezifisch vorgegebenen Frage (z.b. Was können wir tun, um unsere Arbeit effizienter und konstruktiver zu machen?) ein. Die Antworten werden nicht kommentiert und nicht hinterfragt. Durch die Visualisierung der Antworten, hat jeder sofort die aktuelle Lagesituation vor Augen. Der Konfliktmanager sollte allerdings zielführende Fragen einsetzen, um den Arbeitsprozess am Laufen zu halten.[137]

3.5.2 Konflikte analysieren

Aus den Gestaltungsansätzen heraus wird deutlich, dass ohne Analysemethoden die Handlungsfähigkeit des Konfliktmanagers stark eingeschränkt ist. Für das präventive Konfliktmanagement ist dies nicht weiter relevant, denn hier wird auf die frühzeitige Gestaltung von Kompetenzen und Situationen, z.b. die Gestaltung der Komponenten mit ihren Einzelfaktoren der Konfliktbereiche aus Kapitel 2.5.3. abgestellt. Die Bedeutung bezieht sich hauptsächlich auf das situative Konfliktmanagement, denn hier ist die Analyse Voraussetzung für das weitere Vorgehen. Ziel und Aufgabe der Konfliktanalyse ist allerdings nicht die Ursachenklärung im Sinne einer Schuldfrage, denn dies würde bei dem multikriteriellen, komplexen und dynamischen Wesen des Konflikts in einer sinnlosen Endlosschleife münden. Vielmehr sollen Informationen über die Konfliktsituation aufbereitet und zur Verfügung gestellt werden, damit die Entscheidungs- und Handlungsfähigkeit des Konfliktmanagers gesichert wird. Er muss über das weitere methodische Vorgehen entscheiden, also welche Strategien der Konflikthandhabung angewendet werden sollen.

Es gilt nun ein Analyseverfahren zu entwickeln, welches in seiner Anwendung einfach, in kurzer Zeit und mit möglichst geringem Aufwand einzusetzen ist. Zunächst muss die Zuständigkeit geklärt werden, ob der Konflikt überhaupt im potentiellen Konfliktfeld des entsprechenden Konfliktmanagers liegt, ansonsten ist er nicht dafür verantwortlich. Die weitere Vorgehensweise kann in eine Grobanalyse und in eine Feinanalyse unterschieden werden. Die Idee der Grobanalyse ist, den aufgetretenen Konflikt anhand der direkt beobachtbaren Merkmale zu beschreiben, welches in Tabelle 10 beispielhaft dargestellt ist. Gelingt dies mittels der Grobanalyse nicht, muss zur Feinanalyse übergegangen werden.

gement, Effizienzsteigerung durch Kooperation, Berlin 2001, 92.; Seifert, Josef, W., Gruppenprozesse steuern, Offenbach 1995, S. 55.
137 Vgl. Seifert, Josef, W., a..O., S. 79ff.

Tab. 10: Grobanalyse

Konfliktanalysebogen: Grobanalyse		
Kriterium	**Fragestellung**	**Ergebnis** (Bsp.)
Zuständigkeit	Liegt der Konflikt in meinem potentiellen Konfliktfeld?	ja
Konfliktfall	Konfliktfall: Um was wird gestritten?	z.B. Überstundenregelung
Rahmen des Konflikts : - mikrobereich - mesobereich	Wie viele Parteien sind betroffen?	5
	Wer sind die Parteien?	A, B, C
Reichweite des Konflikts	Reibungskonflikt ?	ja
	Positionskonflikt ?	nein
	Systemveränderungskonflikt ?	nein
Austragungsform	formgebunden	ja
	formfrei	nein
Interaktionsstil	heiß	ja
	kalt	nein
Eskalationsstufe	1 2 *3* 4 5 6 7 8 9	

Quelle: eigene Darstellung

Die Feinanalyse baut auf dem Kriterienkatalog der Grobanalyse auf und ergänzt diese mit der Abbildung 11. Um sich ein vollständiges Bild des Konfliktfalls zu machen, benötigt der Konfliktmanager mehr Information, welche er z.B. durch Einzelinterviews gewinnen kann. Je nach Situation können die Einzelinterviews durch eine Moderationsrunde mit den Betroffenen entweder ergänzt oder ersetzt werden. An dieser Stelle kommt der Konfliktwürfel wieder zum Tragen. Neben den Zielen der einzelnen Konfliktparteien, kann der Konfliktmanager über die Gestaltungsbereiche des Individuum, intragruppal und intergruppal, die jeweiligen Komponenten mit ihren Einzelfaktoren hinterfragen und so den Konflikt präzisieren. Der Konflikt muss sich, wenn er wahrgenommen und erlebt werden soll, an Komponenten und einzelnen Konfliktbereichen manifestieren. Bspw. kann sich herausstellen, dass einem Konflikt im Bereich einer Gruppe die Speziellen Konfliktursachen der Problemkomponente (Faktor: Komplexität) und Situationskomponente (Faktor: Lösungszeit), sowie der Gruppenmitgliedskomponente (Faktor: Problemlösungsfähigkeit) und Interaktionskomponente (Faktor: geringer Einfluss des Einzelnen) zugrunde liegt. Wenn diese Ergebnisse nun im Würfel mit den Ebenen der Gestaltungsdimension verknüpft werden, so äußern diese sich in der sachlich-intellektuellen und sozio-emotionalen Dimension. Dieses Beispiel ist in der untenstehenden Abbildung dargestellt.

Tab. 11: Feinanalyse

Konfliktanalysebogen: Feinanalyse			
Konfliktziel	Was sind die Ziele der Parteien?		A, B, C
In welcher Dimension äußert sich der Konflikt ?	Gestaltungsbereich	Komponenten / Einzelfaktoren	zutreffend
	Individuum	Problemkomponente	nein
> Sachlich- intellektuell	Intragruppal	Problemkomponente	ja
		Situationskomponente	ja
	Intergruppal	Problemkomponente	nein
		Situationskomponente	nein
> Sozio- emotionell	Individuum	Persönlichkeitskomponente	nein
	Intragruppal	Gruppenmitgliedkomponente	ja
		Interaktionskomponente	ja
	Intergruppal	Interaktionskomponente	nein
> Wertmäßig- kulturell	Individuum	Situationskomponente	nein
	Intragruppal	Organisationskomponente	nein
		Kommunikationskomponente	nein
	Intergruppal	Organisationsfaktoren	nein
		Kommunikationskomponente	nein
Eskalationsstufe	1 | 2 | *3*	4 | 5 | 6	7 | 8 | 9

Quelle: eigene Darstellung

Die dort aufgestellte Zuordnung der Konfliktdimensionen und der Konfliktbereiche, kann grundsätzlich auch andersherum aufgebaut werden. Der interne Aufbau ergibt sich durch die inhaltlich-logische Zuordnungsmöglichkeit von einzelnen Komponenten bezogen auf die drei Gestaltungsbereiche und auf die drei Gestaltungsdimensionen. So ist nachvollziehbar, dass z.b. die Einzelfaktoren (Aufforderungscharakter, Problemwertigkeit, Neuartigkeit, Komplexität, Koordinationsbedarf, Bereichsüberschreitung) bzgl. der Problemkomponente im Individualbereich auf der Aufgabenebene liegen und damit überwiegend der sachlich-intellektuellen Dimension zugeordnet werden können. Die gleiche Zuordnungsmöglichkeit gilt z.b. für die Einzelfaktoren (Umfang, Kooperation, Einfluss des Einzelnen) bzgl. der Interaktionskomponente im Gruppenbereich. Sie liegen auf der Beziehungsebene und lassen sich damit der sozioemotionellen Dimension zuordnen. Allerdings soll klar sein, dass die hier verwendete Zuordnungsmethodik immer tendenziellen Charakter trägt und mit inhaltlichen Überlappungen verbunden ist.

Der letzte Schritt innerhalb der Feinanalyse ist, mit Hilfe der Eskalationsstufen die Intensität des Konflikts abzuschätzen, bevor die Phase der Konflikthandhabung beginnen kann.

3.5.3 Konflikte handhaben

Die beschriebene Zuordnungssystematik des Konfliktwürfels im obigen Abschnitt ist Grundlage für die Konflikthandhabung. Der Konfliktwürfel ist das Managementinstrument für die Analyse, Planung und Gestaltung des Konfliktmanagers. Es ermög-

48

licht ihm systematisch präventive Strategien und entsprechende Methoden zu planen und situativ mit Strategien und Methoden auf Konfliktsituationen zu reagieren. Diese beiden Ansätze werden dann auf die Gestaltungsdimensionen und Gestaltungsbereiche abgeleitet um damit das optimale Konfliktniveau anzusteuern. Er kann aber auch von einer beliebigen Würfelseite ausgehend die Konflikthandhabung gestalten.

Um die Anwendung des Konfliktwürfels möglichst effektiv und effizient durchzuführen, bedarf es der Erläuterung einiger Anwendungsprinzipien.

Zunächst muss sich der Konfliktmanager bei der Konflikthandhabung an der Konfliktkapazität orientieren. Da die Konfliktkapazität begrenzt ist, muss diese sinnvoll auf die einzelnen Dimensionen verteilt werden. Die dimensionale Zusammensetzung bezüglich des optimalen Konfliktniveaus, konzentriert sich überwiegend auf die sachlichintellektuelle Dimension, da diese im ökonomischen Sinn die wichtigste Dimension eines Unternehmens darstellt. Hier findet die primäre Wertschöpfung durch Produkte oder Dienstleistungen statt, ohne die das Unternehmen gar nicht existieren könnte.[138]

Für den Konfliktmanager bedeutet das, Konflikte von den Sozio-emotionellen und wertmäßig-kulturellen Dimensionen auf die sachlich-intellektuelle zu überführen damit wieder konstruktiv mit den Konflikten gearbeitet werden kann.[139]

Für die Strategien der Konfliktbewältigung gilt das Ziel, Konflikte so schnell wie möglich in den „win-win" Bereich zu überführen, denn nur dort sind Konflikte, durch die kooperative Grundhaltung der Betroffenen, konstruktiv zu gestalten.[140] Damit lässt sich der „win-win" Bereich der sachlich-intellektuellen Dimension gleichsetzen.

Grundsätzlich gilt, dass ein formloser Konflikt in einen formgebunden überführt werden muss, da sonst eine Konflikthandhabung nicht möglich ist. Der Konfliktmanager ist der Methodenanwender und Prozesssteuerer, die Betroffenen sind die Spezialisten um den Konflikt inhaltlich soweit zu bearbeiten, dass er im besten Fall „beendet", vor allem aber die konstruktive und zielorientierte Arbeitsfähigkeit wiederhergestellt wird. Für alle Methodendurchführungen gilt, sobald der Projektleiter selbst im Konflikt involviert und damit nicht mehr neutral ist, sollten die Methoden aufgrund von Akzeptanzgründen von Dritten durchgeführt werden.[141] Das gilt auch für zunehmende Konfliktintensität, denn hier wachsen die Anforderungen an die Durchführung derart, dass auch hier auf erfahrene Dritte zurückgegriffen werden sollte.

Die konkrete Konflikthandhabung ist Gegenstand des gesamten fünften Kapitels.

Vgl. Krüger, W., Konfliktsteuerung, a.a.O., S. 126ff.
139 Vgl. ebenda, S. 128ff.
140 Vgl. Scholz, C., Personalmanagement, München 2000, S. 639.; . Glasl, F., a.a.O., S. 218ff.; Krüger, W., Konfliktsteuerung, a.a.O., S. 126ff.
141 Vgl. Höher, P.; Höher, F., Konfliktmanagement- Konflikte kompetent erkennen und lösen, Freiburg 2000, S. 166.

49

4 Konfliktrelevante Bereiche im Projektmanagement

In diesem Kapitel sollen die Grundlagen des Konfliktmanagements von der Unternehmensebene in die Projektebene überführt werden und anhand ausgesuchter konfliktrelevanter Bereiche im Projektmanagement dargestellt werden. Da die Aufgaben des Konfliktmanagers in den Managementzyklus des Projektleiters integriert werden, wird ab jetzt nur noch vom Projektleiter gesprochen.

4.1 Projektbegriff und seine Merkmale

Der Begriff Projekt ist laut DIN-Norm 69901 ein Vorhaben, das im wesentlichen durch die Einmaligkeit seiner Bedingungen charakterisiert ist, wie z.b. durch eine klare Zielvorgabe mit zeitlicher, finanzieller und personeller Begrenzung oder sonstigen Restriktionen; mit einer eigenen projektspezifischen Organisation und die dadurch klare Abgrenzung gegenüber anderen Vorhaben.[142]

Die DIN-Definition wird durch weitere Merkmale präzisiert. Diese sind, neben einem definierten Anfang und Ende, die Neuartigkeit bzgl. der Aufgabe und Struktur. Die Situationseinmaligkeit von Projekten bedeutet, das eine Aufgabe oder ein Problem in der selben Form weder vorher noch nachher zu bearbeiten sein wird. Verbunden mit der typischen Zunahme der Komplexität in Projekten besteht damit ein wesentlich höheres Risikopotential, welches bei einem Verzögern oder Scheitern erhebliche wirtschaftliche Nachteile zur Folge haben kann. Wesentlich ist auch, dass Projekte mit Teams realisiert werden und deren Interdisziplinarität durch die Beteiligung unterschiedlicher Fachbereiche zum Ausdruck kommt.[143]

Zur vollständigen Beschreibung der Merkmale von Projektsituationen können die Komponenten der speziellen Konfliktursachen wie z.B. Komplexität, Neuartigkeit, erhöhter Koordinationsbedarf usw. aus Kapitel 2.5.3 verwendet werden. Die gemeinsame Schnittstelle liegt in den Veränderungsprozessen, wie Wandel, Anpassung und Innovation, die Projekte auslösen. Diese sind mit den Konfliktprozessen weitgehend identisch.[144]

Welche Projektarten lassen sich unterscheiden? Projekte werden z.B. durch verschiedene Fachbereiche eines Unternehmens initiiert. So gibt es Organisationsprojekte, Investitionsprojekte, Marktprojekte, Produktentwicklungsprojekte, Forschungs-& Entwicklungsprojekte, IT-Projekte, Lernprojekte und Bauprojekte. Letztlich geht es im-

---

142 Vgl. Zielasek, G., Projektmanagement als Führungskonzept, Berlin 1999, S. 6.
143 Vgl. Kessler, H., Winkelhofer, G., Projektmanagement. Leitfaden zur Steuerung und Führung von Projekten, Berlin 1999. S. 9.; Schmidt, Götz, Methode und Technik der Organisation, Gießen 2000, S. 33 ff.; Madauss, B., J., Handbuch Projektmanagement, Stuttgart 2000, S. 516.
144 Vgl. Krüger, W., Konfliktsteuerung, a.a.O., S. 14.

mer um die Fragestellung, was ein Projekt bewirken soll.[145] Entweder geht es um Verbesserungen und Aufbau von Innovationspotentialen oder um den Abbau von Schwachstellen. In beiden Fällen soll damit die Wettbewerbsfähigkeit des Unternehmens gestärkt werden.[146]

4.2 Begriff und Bedeutung des Projektmanagements

Nach der DIN-Norm 69901 ist Projektmanagement die Gesamtheit von Führungsaufgaben, -organisationen, -techniken und -mitteln für die Abwicklung von Projekten. Bezogen auf die Sachebene bedeutet dies das Managen von Zielen und Inhalten, auf der Methodenebene, das Regeln des Vorgehens und auf der Personenebene das Gestalten von Interaktion und sozialen Beziehungen.[147] Es handelt sich also um sämtliche willensbildende und durchsetzende Managementaktivitäten. Wobei die Betonung auf dem Management liegt, denn es geht nicht um die inhaltliche Problemlösung, sondern um die Managementfunktionen, die den Problemlösungsprozess steuern.[148]

Ein professionelles Projektmanagement verfügt jedoch nicht nur über Methodenwissen und Administration, sondern auch über soziale Kompetenz. Das bedeutet mit Macht und Hierarchie, mit Konflikten und Widerständen und den vielfältigen Gruppenprozessen richtig und der jeweiligen Situation angemessen umzugehen. In diesem Zusammenhang wird auch vom ganzheitlichen Projektmanagement gesprochen.[149]

> Kurzgefasst lässt sich Projektmanagement als Führungskonzept für einmalige, neuartige und komplexe Vorhaben definieren.[150]

Projekte bedeuten für ein Unternehmen zeitlich befristete und außergewöhnliche Vorhaben. Die Bedeutung und Nutzen von Projektmanagements für ein Unternehmen sollen durch die obige Abbildung veranschaulicht werden. Projektmanagement verursacht zwar einen anfänglichen Mehraufwand von etwa 5%, welcher später aber eine etwa 20% tige Kosten- und Zeitersparnis bringt.[151]

145 Vgl. Pfetzing, K.; Rohde, A., Ganzheitliches Projektmanagement, Zürich 2000, S. 160.; Decker, F., Die neuen Methoden des Lernens, Würzburg 1999, S. 157.
146 Vgl. Birker, K., Projektmanagement, Berlin 1999, S. 22.
147 Vgl. Kessler, H., Winkelhofer, G., a.a.O., S. 10.
148 Vgl. Staehle, W., H., Management, München 1999, S. 27; 83.
149 Vgl. Litke, Hans, D., a.a.O., S. 167.
150 Vgl. Krüger, W., Organisation der Unternehmung, Stuttgart 1994, S. 374.
151 Vgl. Kraus, G.; Westermann, R., Projektmanagement mit System, Wiesbaden 1998, S. 23.

Abb. 5: Der Nutzen des Projektmanagements

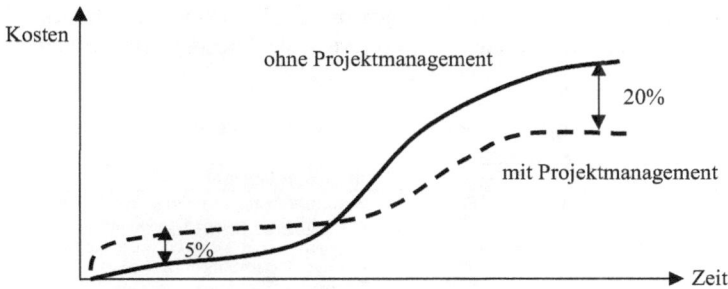

Quelle: Vgl. Kraus, G.; Westermann, R., Projektmanagement mit System, Wiesbaden 1998, S. 23.

Projektmanagement dient dazu, die Handlungsfähigkeit eines Unternehmens aufrecht zu erhalten und fördert durch seinen interdisziplinären Charakter Innovation und Flexibilität. Erfolgreiche abgeschlossene Projekte stellen somit einen fundamentalen Baustein für die „Lernende Organisation" dar und haben damit Katalysatorfunktionen im und für den Unternehmenswandel. Allerdings gilt dies nur, wenn die Projektarbeit gut in die Unternehmenshierarchie integriert ist und häufig angewendet wird.[152] Projektmanagement lässt sich auf drei unterschiedlichen Ebenen darstellen. Das Management durch Projekte wird durch die Ebene des Top Management abgebildet, das Management von Projekten durch die Ebene der Projektoberleitung und das Management des Projekts durch die Ebene des Projektleiters. Die vorliegende Arbeit setzt auf der Ebene des Management des Projekts an, also aus der Perspektive des Projektleiters.[153]

4.2.1 Projektaufbauorganisation

Um die Projektabwicklung möglichst effizient zu gestalten, wird für jedes einzelne Projekt eine eigene Organisation aufgebaut, welche im Gegensatz zur Linienorganisation, nur für die Dauer eines Projektes existiert.

Innerhalb eines Projekts unterscheidet man prinzipiell zwei Ebenen, die der Auftraggeber und die der Auftragnehmer. Der Auftraggeber soll hier verkürzt als Entscheider verstanden werden, unter dem Auftragnehmer der Projektleiter mit den Projektmitarbeitern.[154] Damit die temporäre Projektorganisation in die Organisation des Unternehmens integriert werden kann, gilt es die Rollen von Projektbeteiligten dauerhaft gültig

---

152 Vgl. Krüger, W., Projektmanagement und Führung, in: Kieser, E.,(Hrsg.), Handwörterbuch der Führung, Stuttgart 1995, S. 1781 ff.
153 Vgl. Krüger, W., Organisation, a.a.O., S. 375.
154 Vgl. Kraus, G.; Westermann, R., a.a.O., S. 28.

52

zu definieren. Gemeint ist eine eindeutige Festlegung von Aufgaben, Befugnissen und Verantwortung aller Projektbeteiligten, möglichst in Form einer unternehmensweiten Regelung, die Projektrahmenorganisation genannt wird. Damit sollen insbesondere organisatorische Konflikte z.B. zwischen Projekt- und Linienorganisation verhindert werden.

Tab. 12: Unterschiede zwischen Projektorganisation und Linienorganisation

Projektorganisation	Linienorganisation
• temporär - wird aufgelöst, wenn das Projekt beendet ist	• permanent - unterliegt normalerweise keinen oder nur relativ seltenen Änderungen
• orientiert sich an dem zu erreichenden Ziel (Projektziel)	• orientiert sich an den zu erledigenden Aufgaben eines Unternehmens (z.B. Marketing, Personal, Konstruktion, Fertigung)
• Ist in der Regel interdisziplinär besetzt.	• Vereinigt in der Regel je Organisationseinheit Spezialisten einer Fachrichtung

Quelle: Vgl. Eschlbeck, D.; Süß, G., Projektmanagement Interaktiv, München 1997, PM-Fibel, S. 4.

4.2.2 Projektablauforganisation

Während die Aufbauorganisation relativ stabil und unabhängig vom Projektinhalt ist, werden die einzelnen Phasen und Abläufe von den unterschiedlichen Projektarten geprägt. Die Projektphasen orientieren sich am Lebenszyklus eines Projekts. Die Grundstrukturen des Lebenszyklus (Projektablauf) untergliedern sich in die beiden Phasen der Projektplanung und Projektrealisierung. Sie bilden damit ein grundlegendes Phasenmodell.[155] Das heute am meisten genutzte Standardphasenmodell im Unternehmen beschreibt den sequenziellen Projektablauf anhand einzelner Projektphasen und wird hier mit dem Planungszyklus ergänzt, der das Vorgehen in den einzelnen Phasen regelt. Die Projektplanung beinhaltet die Phasen der Vorstudie, der Hauptstudie und der Teilstudien. Die Projektrealisation untergliedert sich in Systembau, dessen Einführung und Erhaltung. Die Aufgaben der einzelnen Projektphasen werden mit Hilfe der Elemente des Planungszyklus der Auftragsvereinbarung, der Ist-Analyse, der Würdigung, der Entwicklung des Lösungsentwurfes sowie der Bewertung und Auswahl des Lösungsentwurfes abgearbeitet.[156] Eine Phase bildet eine in sich abgeschlossene Einheit, welche mit Erreichen des Meilensteines gleichzeitig eine Nächste eröffnet. Dieser Meilenstein ist ein überprüfbares Zwischenergebnis, welches sowohl inhaltlich als auch zeitlich definiert ist und damit den Entwicklungstand des Projekts beurteilbar macht.[157]

155 Vgl. Frese, E., Grundlagen der Organisation, Konzepte- Prinzipien- Strukturen, Wiesbaden 1998, S. 473.
156 Vgl. Schmidt, G., a.a.O., S. 40 ff.; Krüger, W., Organisation, a.a.O., S. 385.
157 Vgl. Kraus, G.; Westermann, R., a.a.O., S. 54.

Der Anstoß eines Projektes erfolgt durch einen Auftraggeber. Die sich anschließende Vorstudie ist die erste Planungsphase und verfolgt den Zweck, zu klären, ob eine Lösung realisierbar ist und welcher Nutzen erwartet werden kann. Die erste Aufgabe im Planungszyklus ist die Auftragsabstimmung mit dem Auftraggeber. Mit der Erhebung bzw. Analyse wird der Ist-Zustand ermittelt, und mit der anschließenden Würdigung wird festgehalten, was gut funktioniert und was verbesserungswürdig ist.

Nun gilt es möglichst breite Groblösungen für das Gesamtprojekt zu erarbeiten, um das grundsätzliche Lösungsspektrum abzubilden. Ist die generelle Machbarkeit des Projektes wahrscheinlich, müssen die einzelnen Lösungen bezüglich ihrer Vorteile und Nachteile bewertet werden. Der Planungszyklus endet mit der begründeten Empfehlung einer Lösungsvariante und schließt damit auch die Vorstudie ab. In allen drei Planungsphasen wird dieser Planungszyklus wenn nötig vollständig durchlaufen. Die nächste Phase ist die Hauptstudie. In ihr wird nun der in der Vorstudie ausgewählte Lösungsansatz intensiv verfolgt und Groblösungen für die Teilstudien erarbeitet.

Vom Groben ins Detail gehend erfolgt in den Teilstudien die ausführungsreife Planung. Die Phase der Realisierung hat zur Aufgabe, die Ergebnisse der Teilstudien zu implementieren. Wenn die Testergebnisse die Funktionalität gewährleisten, erfolgt die Phase der Einführung. Hier können Anpassungen und Ergänzungen vollzogen werden, bis der Tagesbetrieb reibungslos läuft.[158]

Ein wichtiger Aspekt ist die Projektabschlussphase, die vom Projektmanagement häufig vernachlässigt wird. Sie soll mit einer Analyse des Projekts zur Erfahrungssicherung für zukünftige Projekte enden. Die Schlussphase beinhaltet auch die Auflösung der Projektorganisation und damit die Entscheidung über die Reintegration der Projektmitglieder in die Primärorganisation.[159]

4.3 Projektspezifische Konflikte

Empirische Studien zeigen, dass trotz des beschriebenen systematischen Projektablaufes, erfolgreiche Projekte nicht die Regel sind. So werden die Zeit- und Kostenziele etwa von der Hälfte aller IT- Projekte nicht eingehalten und ein weiteres Drittel ohne Ergebnis abgebrochen.[160] Bezogen auf Großprojekte, wie strategische Allianzen und Mergers, ist die Erfolgsquote noch niedriger.[161] Die Misserfolgsfaktoren sind vielfältig. Wie eingangs erwähnt, liegen die Ursachen für Projektstörungen und Projektmisserfolge zum großen Teil in den Bereichen der Projektpolitik und in den zwischenmenschlichen Problemen.[162] Die Interessen der Führungskräfte und Mitarbeiter innerhalb und außerhalb des Projektes sind oft gegensätzlich und streben verschiedene Ziele

---

158 Vgl. Schmidt, G., a.a.O., S. 42ff.
159 Vgl. Pfetzing, K.; Rohde, A., a.a.O., S. 350ff.
160 Vgl. ebenda, S. 23.
161 Vgl. Heck, A., Strategische Partnerschaften zum operativen Erfolg führen, in: Management-Zeitschrift Industrielle Organisation, Heft 4/2000, S. 24ff.
162 Vgl. Witt, M., M., Teamentwicklung im Projektmanagement, Wiesbaden 2000, S. 1.

54

an. Hinzu kommt, dass das Verdrängen von Projektkonflikten die Entstehung von Projektstörungen und Misserfolgen fördert.[163] Eskalieren Konflikte, deren Bewältigung unter den gegebenen Rahmenbedingungen unmöglich oder als unmöglich erscheint, spricht man von einer Projektkrise.[164]

Abb. 6: Das Teufelsquadrat

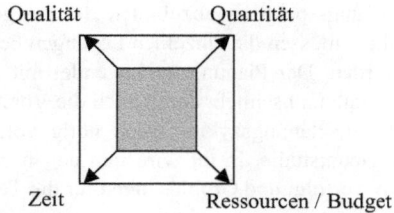

Qualität   Quantität

Zeit   Ressourcen / Budget

Quelle: Vgl. Hansel, J., Lomnitz, G., Projektleiterpraxis, Berlin 2000, S. 36.

Die Beurteilungskriterien, um den Projekterfolg zu messen, sind neben dem Projektziel, die im Teufelsquadrat abgebildeten kritischen Erfolgsfaktoren.[165] Aus den gegensätzlichen Beziehungen dieser kritischen Erfolgsfaktoren ergeben sich zahlreiche projektspezifische Konfliktmöglichkeiten. Wird beispielsweise der Endtermin vorgezogen, führt das in der Regel zu Qualitäts- und Quantitätseinbußen oder zu Erhöhung der Kosten. Je mehr Qualität gefordert wird, desto höhere Aufwendungen an Ressourcen müssen eingerechnet werden. Falls dies nicht geschieht, kann z.B. die Einarbeitung neuer Mitarbeiter zu Terminverschiebungen führen.[166]

Der Termindruck und die Arbeitsüberlastung sind mit der Kompetenzabgrenzung zwischen Projekt und Linie, sowie den Teamkonflikten, die häufigst genannten Projektkonflikte, wobei die Häufigkeit noch keinen Aufschluss über die Konfliktintensität gibt.[167] Wie in Kapitel 2.4.4 dargestellt, wirken Konflikte in die sachlich-intellektuellen Dimension über den Transformationsprozess meist auch in der sozio-emotionellen Dimension. Je größer das gemeinsame Engagement für das Projektziel und je enger infolge dessen die persönliche Beziehung zwischen den Teammitglie-

---

163 Vgl. Daum, A., Erfolgs- und Misserfolgsfaktoren im Büro- Projektmanagement, München 1993, S. 145.
164 Vgl. Neubauer, M., Krisenmanagement in Projekten: Handeln, wenn Probleme eskalieren, Berlin 1999, S. 8.
165 Vgl. Birker, K., Projektmanagement, a.a.O., S. 24ff.
166 Vgl. Litke, H., D., a.a.O., S. 62ff.
167 Vgl. Schlick, H. G., Projektmanagement- Gruppenprozesse- Teamarbeit, Renningen 1996, S. 215.

dern ist, desto heftiger können dort die Konflikte werden.[168]

Die kritischen Erfolgsfaktoren des Teufelsquadrats, welche auch als harte, weil messbare, Faktoren bezeichnet werden, knüpfen an die Objektseite des Konfliktpotentials an. Die schwerer messbaren und daher weichen Erfolgsfaktoren, basieren auf der Subjektseite des Konfliktpotentials und dem Konfliktverhalten der Projektmitarbeiter. Den projektspezifischen Konflikten liegen somit u.a. die speziellen Konfliktursachen, wie sie in Kapitel 2.5.3 detailliert in Tabellen dargestellt wurden, zugrunde.[169]

4.4 Projektspezifische Auswirkungen

Den projektspezifischen Konflikten stehen projektspezifische Auswirkungen gegenüber. Bezogen auf die harten Erfolgsfaktoren lassen sich diese mittels des Teufelsquadrates darstellen, während sich die Auswirkungen auf die weichen Erfolgfaktoren mithilfe der Tabelle 8 in Verbindung mit den Dimensionen des Konfliktwürfels darstellen lassen. Zusammenfassend kann festgehalten werden, dass bei Verfehlung des Projektzieles finanzielle, personelle, zeitliche Ressourcen, Image im Unternehmen und nicht zuletzt Managementkompetenz vernichtet werden.

Eine wesentliche Auswirkung von Konflikten ist der Zeitverlust durch das Absinken der Produktivität. Die weitverbreitete Konsequenz ist, dass die Konfliktbewältigung meist unter sehr hohem Zeitdruck erfolgt, wenn sie nicht mit dem Argument der Zeitknappheit auf der Strecke bleibt.[170] Der Projektleiter kann aber die funktionalen Konfliktwirkungen nutzen, indem er mit der Anwendung des Konfliktwürfels das optimale Konfliktniveau anstrebt. Dies hat wie Abbildung 7 zeigt, einen stimulierenden Effekt auf die Leistung und die Zufriedenheit des Projektteams und kann einen anfänglichen Zeitverlust der Konflikthandhabung durch höhere Produktivität wieder ausgleichen.[171]

Abb. 7: Conflict and Performance

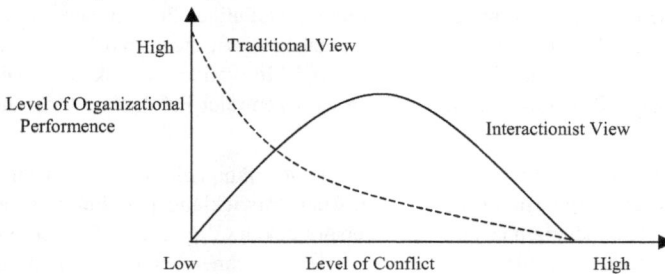

---

168 Vgl. Bendixen, P.; Kemmler, H., Planung- Organisation und Methodik innovativer Entscheidungsprozesse, Berlin 1972, S. 70.
169 Vgl. Witt, M., M., a.a.O., S. 88ff.
170 Vgl. ebenda, S. 88.
171 Vgl. Kratz, H.; Sundermeier, R., Strukturen und Prozesse in Gruppen, in: Chalupsky, J.; u.a., Der Mensch in der Organisation, Gießen 2000, S. 179.

56

Quelle: Vgl. Starke, Frederick, A., Sexty, Robert, W., Contemporary Management in Canada, Prentice Hall Canada 1992, in: Mayrshofer, D., Konflikte nutzen im Projekt- Synergien erreichen durch gezielte Projektteamentwicklung, in: Schulz, Armin; Pfister, Christine, (Hrsg.), Strukturwandel mit Projektmanagement, München 1996. S. 5.

4.5 Konfliktbereiche der Projektführung

Für die konstruktive Handhabung von Konflikten im Projekt sind alle Projektbeteiligte zuständig. Da aber der Projektleiter die Ergebnisverantwortung trägt, und das Projekt sein potentielles Konfliktfeld darstellt, muss das Konfliktmanagement an seiner zentralen Position festgemacht werden.

Die angesprochenen kritischen Erfolgfaktoren stellen für die Projektführung erfolgsrelevante Bereiche dar, bezogen auf das Konfliktmanagement, spricht man von konfliktrelevanten Bereichen. Da diese einen entscheidenden Einfluss auf die erfolgreiche Zielerreichung des Projekts haben, wird die Übertragung des Konfliktmanagements in das Projektmanagement beispielhaft anhand der folgenden konfliktrelevanten Bereiche dargestellt.

4.5.1 Projektleiter

Der Projektleiter hat das Projekt durch die einzelnen Phasen zu führen und ist für den Erfolg des Projektauftrages verantwortlich. Das bedeutet, die erfolgreiche Einhaltung der Kosten-, Leistungs-, und Qualitätsziele.[172]

Trotz der technischen Aufrüstung der letzten Jahre in der Projektarbeit (Software für Planung, Ablaufsteuerung und Kommunikation) erscheint die Managementkompetenz wesentlich wichtiger zu sein, d.h. Probleme analytisch zu durchdringen, Aufgaben, Zeiten und Kosten planen und steuern zu können, vor allem aber Mitarbeiter zu führen, zu koordinieren und Konflikte konstruktiv zu nutzen. Weiterhin hängt der Gesamterfolg im hohen Maße davon ab, ein gutes und arbeitsfähiges Projektteam zu bilden, die richtigen Mitarbeiter für die richtigen Aufgaben einzusetzen und Voraussetzungen zu schaffen, unter denen sich Engagement und Motivation entwickeln.[173] Die soziale Kompetenz des Projektleiters ist damit ein ganz zentraler Erfolgsfaktor für die Zielerreichung.[174]

Seine Aufgaben erfordern Kontakt- und Kommunikationsfähigkeit, Integrationsfähigeit, Konfliktfähigkeit, Organisationskompetenz, Teamentwicklung und Führungsfähigkeit, technische Kompetenz und eine reife Persönlichkeit.[175] Nach Umfrageergebnissen unter Projektleitern werden die als weich zu bezeichnenden Fähigkeiten als

172 Vgl. Kurpicz, B.; Richatz, D., Ganzheitliches Projektmanagement als Mittel zur Organisationsgestaltung, Bergische Gladbach 2001, S. 59.
173 Vgl. Birker, K., Projektmanagement, a.a.O., S. 156.
174 Vgl. Schmidt, G., a.a.O., S. 134.; Hansel, J., Lomnitz, G., Projektleiterpraxis, Berlin 2000, S. 4.
175 Vgl. Smith, K., A., Project Managements and Teamwork, Boston 2000, S. 58.

57

Schlüsselfaktoren betrachtet und noch vor den Fachlichen und Technischen positio-niert.[176]

Die neue und wichtige Querschnittsfunktion des Projektleiters, ist die des Konfliktma-nagers.[177] Ob er allerdings sein neues Managementinstrument anwenden, und seine Führungsaufgaben in fachlicher und personeller Hinsicht ausüben kann, hängt von den Befugnissen ab, welche ihm zugestanden werden.[178] Diese sind je nach Projekt-rahmenorganisation unterschiedlich groß.[179]

Abb. 8: Projektkoordination

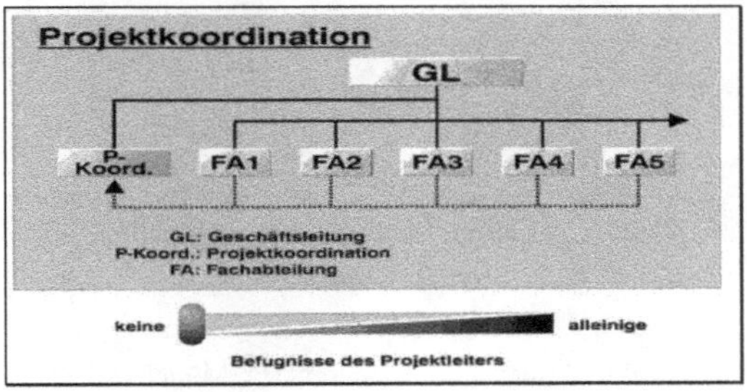

Quelle: Eschlbeck, D.; Süß, G., Projektmanagement Interaktiv, München 1997, PM- Fibel, S. 6.

Sie regeln die Kompetenzverteilung und Einbindung des Projektleiters in die Primär-organisation des Unternehmens, sowie die Größe des potentiellen Konfliktfelds. Im Kern gibt es drei verschieden Formen der Projektrahmenorganisation, das Einfluss-Projektmanagement, das Matrixprojektmanagement und das reine Projektmanagement.

Bei der Projektkoordination ist der Projektleiter lediglich ein Projektkoordinator, ohne Weisungs- und Entscheidungsbefugnisse, der allerdings Ergebnis-, Kosten-, und Zeit-verantwortung trägt. Die Vorteile liegen in den geringen Umstellungskosten bei Auf-bau und Auflösung der Projektorganisation, der guten Auslastung von Kapazitäten und einer hohen Flexibilität. Die Nachteile sind die geringe Beeinflussbarkeit von Leis-tung, Zeit und Kosten.

Es gibt weder für das Projekt noch das potentielle Konfliktfeld eine klare Gesamtver-antwortung und die Identifikation und Motivation ist eher niedrig, da die Projektarbeit

176 Vgl. Keplinger, W., Erfolgsmerkmale im Projektmanagement, in: Zeitschrift Führung und Organisation, Heft 2/1992, S. 103.
177 Vgl. Hansel, J., Lomnitz, G., a.a.O., S. 149.
178 Vgl. Litke, Hans, D., a.a.O., S. 170ff.
179 Vgl. Schmidt, G., a.a.O., S. 134.

als Zusatzbelastung gesehen wird.[180] Der Projektleiter ist zudem von den, aus der Linienorganisation zur Verfügung gestellten Information abhängig.[181] Es ist nachvollziehbar, dass damit die speziellen Konfliktursachen der Problem-, Kommunikations- und Interaktionskomponenten möglichen Projektkonflikten zugrunde liegen, welche sich in der sachlich-intellektuellen Dimension und den Gestaltungsbereichen auswirken können.

Abb. 9: Matrix-Projektorganisation

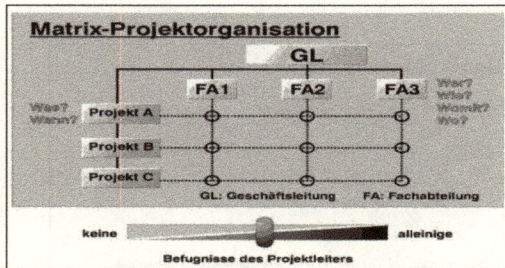

Quelle: Eschlbeck, D.; Süß, G., Projektmanagement Interaktiv, München 1997, PM- Fibel, S. 7.

Hier hat der Projektleiter die fachlichen Weisungsbefugnisse, der Linienvorgesetzte die Disziplinarischen. Die Mitarbeiter arbeiten weiterhin an ihren Linienaufgaben und werden für die Projektarbeit freigestellt. Die Vorteile sind die hohe Flexibilität, keine Änderungen in der Linienorganisation, leichte Reintegration der Mitarbeiter, gute Beeinflussbarkeit von Terminen und Kosten und das Vorhandensein eines Projektverantwortlichen. In dieser Organisationsform sind Konflikte institutionalisiert, da die Projektmitarbeiter in der Linie und im Projekt jeweils einer anderen Führungskraft unterstehen. Die Kompetenzsplittung kann zu Rollenkonflikten bei den Projektmitarbeitern und Ressourcenkonflikten zwischen Projekt und Linie führen.[182] Da die Projektmitarbeiter zu ihren Projektaufgaben ihre Aufgaben in der Linie weiter bearbeiten müssen, ist ein hoher Koordinationsaufwand erforderlich.[183] Meist geht die Linienarbeit vor und stört dadurch den Projektablauf, was sich entsprechend auf die Möglichkeiten des Konfliktmanagements bezüglich des potentiellen Konfliktfeld auswirkt.[184]

---

180 Vgl. Pfetzing, K.; Rohde, A., a.a.O., S. 50.; Eschlbeck, D.; Süß, G., Projektmanagement Interaktiv, München 1997, PM- Fibel, S. 6.
181 Vgl. Spalink, H., Führung als zentrale Steuerfunktion im Projektmanagement, in: Steinle, C.; u.a., Projektmanagement, Frankfurt 1998, S. 191.
182 Vgl. Spalink, H., a.a.O., S. 191.
183 Vgl. Rosenstiel, L., v., Motivation im Betrieb, a.a.O., S. 139.
184 Vgl. Pfetzing, K.; Rohde, A., Ganzheitliches Projektmanagement, a.a.O., S. 52.; Eschlbeck, D.; Süß, G., a.a.O., S. 8.

Andererseits entsteht durch die Verantwortung des Projektleiters und der Linie der Zwang zur Kooperation und einer intensiven Interaktion, welches die Verzahnung eines Projekts mit der Organisation fördert. Damit können die funktionalen Kooperationskonflikte (Kapitel 2.5.2) gezielt genutzt werden. Weil Konflikte hier organisationsbedingt, insbesondere in den sachlich-intellektuellen und sozio-emotionellen Dimensionen auftreten, folgt daraus, dass die Führungsaufgaben des Projektleiters in Matrixorganisationen zum großen Teil aus Konfliktmanagement bestehen.

Abb.10: Reines Projektmanagement

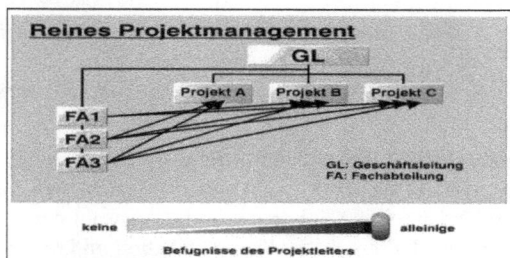

Quelle: Eschlbeck, D.; Süß, G., Projektmanagement Interaktiv, München 1997, PM- Fibel, S. 8.

Im reinen Projektmanagement sind die Projektmitglieder vollständig aus der Linie herausgelöst und zu 100 % für das Projekt tätig. Der Projektleiter hat alle fachlichen und disziplinarischen Weisungsbefugnisse, und das gesamte Projekt ist gleich seinem potentielles Konfliktfeld. In diesem Fall arbeitet das Projekt wie ein Unternehmen im Unternehmen und der Projektmanager vergleichbar einer Führungskraft in der Linie, allerdings nur für die Projektzeit.[185] Die Vorteile sind weniger organisatorische Konflikte, hohe Projektidentifikation und die Leistungsfähigkeit der Teamarbeit kann sich voll entfalten. Dazu kommt die kurze Reaktionszeit bei Störungen, da die Projektmitarbeiter direkt und nur mit dem Projektleiter zusammenarbeiten. Zu den Nachteilen zählen die Schwierigkeiten bei der Wiedereingliederung nach Projektabschluss, den damit verbundenen hohen Umstellungskosten und die schlechte Auslastung vorhandener Kapazitäten.[186]

Die personellen Führungsaufgaben sind für die Projektleitung von besonderer Bedeutung, denn sie sind im Gegensatz zu sachbezogenen Aufgaben nicht delegierbar. Die Qualifikation eines Projektleiter sollte nicht nur Projektmanagementmethoden, sondern auch Kompetenz in Konfliktmanagement und Personalführung umfassen. Das Selbstverständnis des Projektmanagers orientiert sich an der Rolle des Prozesspromo-

185 Vgl. Spalink, H., a.a.O., S. 189.; Witt, M., M., a.a.O., S. 11.
186 Vgl. Pfetzing, K.; Rohde, A., a.a.O., S. 53.; Eschlbeck, D.; Süß, G., a.a.O., S. 7.

60

tors, welcher die Koordination und Moderation von Problemlösungsprozessen übernimmt.[187] Übertragen auf die neuen Rolle des Projektleiter bedeutet Projektführung, gleich Konflikte „lösen".[188]

4.5.2 Führung und Führungsaufgaben im Projekt

In Anknüpfung an Kapitel 3.2.2 kann unter dem Begriff Führung übertragen auf das Projekt, die Steuerung der verschiedenen Einzelaktivitäten im Hinblick auf das übergeordnete Projektziel verstanden werden.[189] Konkretisiert für den Projektleiter bedeutet die zielorientierte Verhaltensbeeinflussung, mittels Führung durch andere und zusammen mit anderen auf ein Ziel hinzuarbeiten.[190] Werden Projektzielen und die daraus abgeleiteten Teilziele durch gemeinsame Vereinbarung getroffen, wächst die Bereitschaft der Projektmitglieder zur Mitarbeit. Gleichzeitig wird die Identifikation mit dem Projektziel gefördert.[191] Die Zielvereinbarung ist damit ein kritischer Erfolgfaktor.

Die Führungsaufgaben des Projektleiters sind besonders relevant in den konfliktkritischen Bereichen, wie der Wahl der Projektrahmenorganisation, die Auswahl und Qualifikation des Projektleiters, der Führungsstil, die Auswahl der Projektmitarbeiter, das Teambilden, die Projektkultur und die Kommunikation im Projekt.[192]

Erfahrungen aus der Praxis zeigen, dass Projektleitungen mit voller Befugnis bessere Ergebnisse aufzeigen und bestätigt damit den Ansatz, dass die Führung eines Projekts an einem zentralen Ort zusammenlaufen soll. Diesen Ort sollte die Projektleitung bzw. der Projektleiter darstellen. Dazu gehört jedoch auch, dass der Projektleiter über einen die Teamarbeit fördernden Führungsstil verfügt. Im Projekt schließen sich Führung und Teamarbeit nicht aus, sondern bereichern sich gegenseitig.[193]

Blake, Shephard und Mouton haben den Führungsstil in zwei Variablen zerlegt, den personenorientierten (vertikalen) und den aufgabenorientierten (horizontalen) Führungsstil und diese in einem Koordinatensystem abgetragen. Das daraus entstandene Verhaltensgitter zeigt die fünf Haupt-Führungsstile. Geringe Aufgaben- und Personalorientierung stellen den desinteressierten Führungstyp dar im Gegensatz zur hohen Aufgaben- und Personalorientierung, welcher durch den Geschäftsführertyp dargestellt wird. Projektmanagement ist eine stark aufgaben- und zugleich stark personalorien-

187 Vgl. Krüger, W., Projektmanagement und Führung, a.a.O., S. 1791-1792.
188 Vgl. Höher, P.; Höher, F., a.a.O., S. 9.
189 Vgl. Schelle, H. Projekte und Projektmanagement in: o. V., Projektmanagement- Fachmann, Eschborn 1998, S. 31.
190 Vgl. Blazek, A., Projekt-Controlling, München 1990, S. 98.; Wolff, G.; Göschel, G., Führung 2000, Höhere Leistung durch Kooperation, Wiesbaden 1987, S. 11.
191 Vgl. Pfetzing, K.; Rohde, A., a.a.O., S. 239.
192 Vgl. Spalink, H., a.a.O., S. 189ff.
193 Vgl. Madauss, Bernd J., a.a.O., S. 399.

tierte Funktion. Der Führungsstil des Projektleiters kann dadurch im Verhaltensgitter visualisiert werden.

Unterschiede im Führungsstil des Projektmanagements lassen sich durch den Zusammenhang mit den Projektphasen feststellen. So ist in den Planungsphasen, wie in Kapitel 4.2.2. beschrieben, ein anderer Führungsstil nötig, als in den Projektrealisierungsphasen.[194] In der Grafik wird die schrittweise Veränderung des Führungsverhaltens vom stärker personalorientierten und partizipativen zum stärker aufgabenorientierten und autoritären Führungsstil nachgebildet. Als Handlungsempfehlung sollte der Führungsstil zwischen den Bereichen 5/5 und 9/9 liegen, weil die Anforderungen an den Projektmanager in vielen Situationen denen eines Unternehmers gleichen.[195]

Abb.11: Einordnung des Projektmanagement- Führungsstils

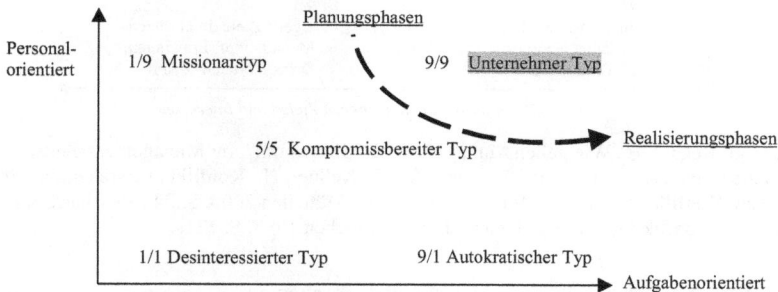

Quelle: Vgl. Madauss, Bernd J., Handbuch Projektmanagement, Stuttgart 2000, S. 402.

4.5.3 Führungsstile in Konfliktsituationen

Auch wenn die Bedeutung von Führungsstilen umstritten ist, signalisieren sie die Verhaltensmuster von Führungskräften gegenüber den Untergebenen, auch und gerade in Konfliktsituationen. Doch welche Führungsstile in Konfliktsituationen gibt es und welche dominieren? Die Grundlagen für die Führungsstile bilden das Verhaltensgitter aus Kapitel 4.5.2 und die Grundmuster des Konfliktverhaltens aus Kapitel 2.3.2. Die Führungsstile in Konfliktsituationen lassen sich durch die Dimensionen der Orientierung an eigenen Interessen und an der Orientierung der Interessen der Gegenpartei charakterisieren. Übertragen in das Verhaltensgitter lassen sich damit fünf typische Konfliktführungsstile abbilden, wobei 1/9 (das Nachgeben) und 9/1 (die Machtstrategie) die Extreme bilden. Die gemeinsame Problemlösung 9/9 gilt als grundsätzliche

---

194 Vgl. Spalink, H., a.a.O., S. 196.
195 Vgl. Madauss, Bernd J., a.a.O., S. 400ff.; Pfeifer, B., a.a.O., S. 12ff.

Optimalstrategie. Anzumerken ist, dass sich der situative Konfliktführungsstil durch-
gesetzt hat.[196] Der Projektleiter sollte sein Führungsverhalten den Anforderungen der
jeweiligen Projektarten und -phasen anpassen können.[197]

Abb.12: Die typischen Führungsstile in Konfliktsituationen

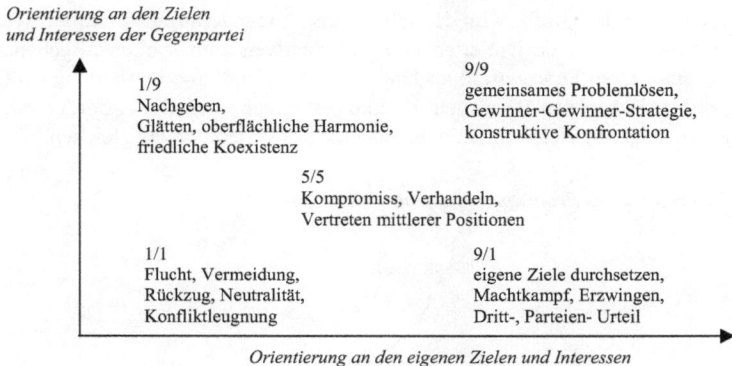

*Orientierung an den Zielen
und Interessen der Gegenpartei*

1/9 Nachgeben, Glätten, oberflächliche Harmonie, friedliche Koexistenz	9/9 gemeinsames Problemlösen, Gewinner-Gewinner-Strategie, konstruktive Konfrontation

5/5
Kompromiss, Verhandeln,
Vertreten mittlerer Positionen

1/1 Flucht, Vermeidung, Rückzug, Neutralität, Konfliktleugnung	9/1 eigene Ziele durchsetzen, Machtkampf, Erzwingen, Dritt-, Parteien- Urteil

Orientierung an den eigenen Zielen und Interessen

Quelle: Vgl. Regnet, E., Wie gehen Manager mit Konflikten um?, in: Management-Zeitschrift
Industrielle Organisation, Heft 65/1996 Nr.3, S. 36.; Kellner, H., Konflikte verstehen, verhin-
dern, lösen. Konfliktmanagement für Führungskräfte, München 2000, S. 24.; Bosshard, K.,
Konflikt und Konfliktmessung im Unternehmen, München 1998, S. 121.

Ein konfliktorientierter Führungsstil muss jedoch auch im Zusammenhang mit den
Dimensionen gesehen werden. Für den Projektleiter bedeutet das, Einigkeit im Konflikt durch eine gemeinsame Wertbasis in der wertmäßig-kulturellen Dimension anzu-
streben und gegenseitiges Vertrauen und Achtung in der sozio-emotionellen Dimension zu fördern, damit die Wirkung des Konflikts in der konstruktiven und produktiven
sachlich-intellektuellen Dimension genutzt werden kann.[198]

4.5.4 Projektteam und Teambildung

Eine Gruppe besteht aus einer begrenzten Anzahl von Gruppenmitgliedern, die als
Folge gemeinsamer Interessen und eines damit verbundenen „Wir-Gefühls", bezüglich
bestimmter Aufgaben und Probleme längere Zeit annähernd identische Ziele durch
gemeinsame Interaktionen verfolgen.[199] Die Definition Gruppe wird vielfach synonym

---

196 Vgl. Regnet, E., Wie gehen Manager mit Konflikten um?, in: Management-Zeitschrift
     Industrielle Organisation, Heft 65/1996 Nr.3, S. 36.; Kratz, H.; Sundermeier, R., Kon-
     flikte in Gruppen, a.a.O., S. 186.
197 Vgl. Aggteleky, B.; B. N., Projektplanung, Ein Handbuch für Führungskräfte, München
     1992, S. 41.
198 Vgl. Krüger, W., Konfliktsteuerung, a.a.O., S. 133ff.
199 Vgl. Staehle, W., H., a.a.O., S. 267.

mit der des Teams verwendet. Allerdings treten im Team die kooperierenden Gruppenmerkmale intensiver auf. In Gruppen stehen die Einzelinteressen und der eigene Nutzen im Vordergrund, in Teams dagegen die Gemeinsamkeit. Das geschaffene Ergebnis ist durch alle erreicht worden, ohne dass sich Teile gesondert zuordnen lassen.[200] Aus diesen Gründen soll für die vorliegende Arbeit der Begriff Team verwendet werden.

Die Vorteile eines Teams gegenüber einer Arbeitsgruppe, bestehen in einem umfangreicheren Wissens- und Fähigkeitspotential. Teams entwickeln Kreativität, bewältigen Komplexität und ermöglichen durch die intensiven Interaktionen Lernprozesse.[201] Kleine Projekte sind durchaus von einer Person bearbeitbar, während mittlere und größere Projekte ohne Projektteams überhaupt nicht bewältigt werden können.[202] Ein Projektteam, kann je nach Größe, aus dem Projektleiter, den Teilprojektleitern, dem Kernteam, den phasenbezogenen Projektmitarbeitern und den übrigen Projektmitarbeitern z.b. Experten bestehen.[203]

Die Voraussetzungen und Merkmale für die Leistungsfähigkeit von Teams, müssen vom Projektleiter erst geschaffen werden. Da sich diese über alle drei Gestaltungsdimensionen hinweg ziehen, lassen sie sich nach diesen Dimensionen ordnen. Die Zuordnung ist wegen den Überschneidungen nicht unproblematisch, ermöglicht aber dem Projektleiter vom aktuellen Standort des intragruppalen Bereichs aus zu agieren.

Bezogen auf die sachlich-intellektuelle Dimension ist eine klare Aufgaben- und Rollenverteilung Bestandteil für jedes Teammitglied zu Beginn eines Projekts. Wie in Kapitel 4.5.2 beschrieben, braucht das Team ein von allen akzeptiertes Ziel, eine gemeinsame Aufgabe, sonst sinkt die Identifikation und die Synergieeffekte eines Teams kommen nicht zur Geltung. Eine wesentliche Aufgabe des Projektleiters ist damit, aus einer Anzahl Einzelpersonen ein arbeitsfähiges und kohärentes Team zu formen.[204] Mit der Kohäsion wird das Ausmaß des Zusammenhaltes eines Teams bezeichnet, das auch als „Wir-Gefühl" bekannt ist. Dieses wird wesentlich von der Attraktivität und dem Nutzen für den Einzelnen bestimmt. Steigt der Identifizierungsgrad, steigt meist auch die Leistung des Teams. Als eine Bestimmungsgröße für das Ausmaß der Kohäsion gilt die Kontakthäufigkeit. Nach der ersten Homans'sche Regel gilt, mit zunehmender Kontakthäufigkeit wächst die gegenseitige Sympathie.[205] Je mehr es dem Pro-

200 Vgl. Birker, G.; Birker, K., a.a.O., S. 8.
201 Vgl. Schlick, H., G., a.a.O., S. 63.; Ueberschaer, N., Mit Teamarbeit zum Erfolg, So gestalten Sie die Zusammenarbeit im Unternehmen, München 1997, S. 30.
202 Vgl. Litke, Hans, D., a.a.O., S. 73.
203 Vgl. Kurpicz, B.; Richatz, D., a.a.O., S. 59 ff.
204 Vgl. Morton, H., D., Project Manager, Catalyst to Constant Change, in: Project Management Handbook, New York 1983, S. 543.
205 Vgl. Diergarten, D., Der Betrieb als soziales System: Verhalten in Gruppen, in: Gros, Eckhard, Anwendungsbezogene Arbeits-, Betriebs- und Organisationspsychologie, Göttingen 1994, S. 208ff.

jektleiter gelingt die Teamziele mit den Unternehmenszielen in Übereinstimmung zu bringen, desto größer ist der Leistungseffekt.[206]

Innerhalb der wertmäßig-kulturellen Dimension sind die Gruppennormen und die Gruppenidentität vom Projektleiter zu beeinflussende Größen. Teams bilden eigene Normen, die Spielregeln für das Verhalten während der Zusammenarbeit sind. Durch die sich entwickelnden Denk- und Handlungsmuster entsteht eine Gemeinsamkeit, die ihren Ausdruck in dem „Wir- Bewusstsein" findet. Sie schränkt zwar die individuelle Freiheit ein, trägt durch ihre Einhaltung aber maßgeblich zur Zielerreichung bei.[207] Der Projektleiter kann mit den dargestellten Konfliktführungsstilen in der Projektführung zur optimalen Leistungsfähigkeit des Teams maßgeblich beitragen.

Der sozio-emotionellen Dimension lassen sich die Merkmale der Teamstruktur, des Teamklimas und der Gruppendynamik zuordnen. Diese bestimmen sich z.b. aus Größe, Qualifikation, Verfügbarkeit und Teamfähigkeit. Die Teamgröße hängt in erster Linie vom Aufgabenumfang ab, sie sollte aber nicht die bewährte Größe von 8 Mitgliedern übersteigen.[208] Weitere Merkmale und Voraussetzungen sind neben der Verfügbarkeit, welche meist von den Linienvorgesetzten bestimmt wird, die fachliche Qualifikation sowie die Fähigkeit und Bereitschaft im Team zu arbeiten, denn ein Projektteam meist besteht aus Spezialisten unterschiedlicher Fachbereiche.[209] Insgesamt kann festgehalten werden, dass die Teamleistung mit den Fähigkeiten der einzelnen Mitglieder steigt.[210]

Dem Projektleiter stehen zwei, hier beispielhaft, dargestellte Instrumente bzgl. der Analyse zwischenmenschlicher Beziehungen im Team und den kognitiven Präferenzen der Teammitglieder zur Verfügung. Die zwischenmenschlichen Beziehungen lassen sich mittels eines Soziogramms ermitteln. Dafür werden z.B. folgende Fragen verwendet: Mit welchem Teammitglied arbeiten sie am liebsten zusammen und mit welchem Gruppenmitglied verbringen sie gerne ihre Freizeit.[211] Aufgrund der visualisierten Beziehungsstrukturen, können u.a. personalpolitischen Maßnahmen ergriffen werden. Die Leistungsfähigkeit eines Teams hängt immer auch von den kognitive Präferenzen ab. Sie zeigen sich unter anderem im Arbeitsstil, in der Art und Weise wie Entscheidungen getroffen werden und im Umgang mit anderen Menschen. Durch ihre einseitige oder gegensätzliche Berücksichtigung bei der Teamzusammensetzung können z.B. intensive Konflikte oder mangelnde Zielorientierung auftreten. Diese Präferenzen kann der Projektleiter mittels dem Myers-Briggs Type Indicator und dem Herrmann

206 Vgl. Diergarten, D., a.a.O., S. 208ff.; Forgas, J., P., Soziale Interaktion und Kommunikation, Weinheim 1992, S. 106ff.
207 Vgl. Kratz, H.; Sundermeier, R., Strukturen und Prozesse, a.a.O., S. 159.
208 Vgl. ebenda, S. 160.
209 Vgl. Hansel, J., Lomnitz, G., a.a.O., S. 49ff.
210 Vgl. Scholz, C., Personalmanagement, a.a.O., S. 633.
211 Vgl. Forgas, P., a.a.O., S. 193ff.

Brain Dominance Instrument ermitteln und visualisieren.[212] Anschließend kann dann darauf geachtet werden, dass im Projektteam Mitarbeiter mit einander sich ergänzende Präferenzen vertreten sind um die Leistungsfähigkeit, Kreativität etc. zu erhöhen.

Teamarbeit entsteht meist durch die Initiierung von Projekten, Sonderaufgaben und prozessorientierten Strukturveränderungen. Damit entsteht die Situation, Teams neu zu organisieren zu entwickeln und seine Mitglieder aufeinander abzustimmen.[213] Für den Projektleiter ist der Aufbau und Entwicklung von Teams und Teamgeist eine Führungsaufgabe, die sich deutlich von den in der Linie unterscheidet und einen weiteren kritischen Erfolgsfaktor darstellt.[214] Wenn sich ein Team bildet, geschieht dies durch einen dynamischen Prozess, der in verschiedenen Phasen abläuft. Idealtypisch läuft der Entwicklungsprozess folgendermaßen ab:

Tab. 13: Die Phasen der Teamentwicklung

Phase	Legende	Merkmal	Projektleiteraufgaben
Forming	Orientierung, Kontaktphase	Wer sind die Anderen? Wie werde ich ankommen? Focus auf den Projektleiter	➤ Eis brechen, Entspannung ➤ Kontakte schaffen ➤ Persönliche Begrüßung ➤ Information geben ➤ Erwartungen abfragen
Storming	Konfliktphase Machtkampf	Wer hat hier was zu sagen? Kampf um die eigene Rolle, Position und Status Wie reagiert der Projektleiter?	➤ Sitzungsziel und Ablauf vereinbaren ➤ Konfliktphase zulassen ➤ Konfliktbearbeitung anbieten ➤ durch Feedback die Situation an die Gruppe zurückspiegeln ➤ Gesprächsregeln einhalten
Norming	Organisierungsphase	Wer tut was? Die Machtpositionen und Rollen sind klar, Ziele, Aufgaben, Vorgehen oder Verhaltensregeln werden selbst geregelt	➤ Rollen und Erwartungen klären ➤ Regelfindung unterstützen ➤ Regeln visualisieren und dokumentieren
Performing	Produktivität, Arbeitsphase	Wir-Gefühl, Leistung, Kreativität, Kooperation, Erfolge feiern	➤ Moderation, Führung ➤ Konfliktmanagement ➤ Arbeitsmethoden anbieten ➤ Zwischenergebnisse unterstreichen
Ending	Auflösungsphase	Energieverlust, da Auftrag erledigt, Formeller Abschied, Sentimentalität	➤ Reflexion, Nacharbeit ➤ Trauerarbeit ➤ Übergang in herkömmliche oder neue Positionen

212 Vgl. Leonard, D.; Straus, S., Im Widerstreit der Ideen zur Innovation, in: HAVARD BUSINESS manager, Heft 2/ 1998, S. 30ff.
213 Vgl. Ueberschaer, N., a.a.O., S. 49.
214 Vgl. Keplinger, W., a.a.O., S. 99ff.

66

Quelle: Vgl. Henning, K.; Marks, S., Kommunikations- und Organisationsentwicklung, Aachen 1995, S. 76.; Pfetzing, K.; Rohde, A., Ganzheitliches Projektmanagement, Zürich 2001, S. 137.

Eine für das Konfliktmanagement zentrale Phase in der Bildung von Projektteams, ist die Stormingphase, auch Konfliktphase genannt.[215] Diese kann unterschiedlich lang und intensiv sein. Projektteams sind zwar keine Selbsterfahrungsgruppen, aber eine übergangene oder abgebrochene Konfliktphase kann dazu führen, dass die dritte Phase gar nicht erst erreicht wird, oder dass sich Konflikte im Laufe der Projektarbeit verstärken und die Leistungsfähigkeit des Teams beeinträchtigen, weil sie mitgeschleppt wurden.[216] Konfliktrelevant ist z.B. der Austausch von Projektmitarbeitern, denn dann muss sich das Team wieder neu formieren und gegebenenfalls alle Phasen erneut durchlaufen. Das kostet Zeit, und wird daher häufig vernachlässigt. Wenn ein Team wirklich effizient arbeiten können soll, müssen sich die Teammitglieder offen streiten dürfen im Sinne einer konstruktiven Streitkultur.[217]

Teamarbeit selbst verursacht durch unterschiedliche sozio-emotionelle Beziehungen Konflikte.[218] Denn wenn z.B. die Fragen der Teamstruktur dauerhaft ungeklärt bleiben, bleiben Konflikte auf der Beziehungsebene zurück und verursachen Zweifel an der Sinnhaftigkeit des gesamten Projekts. Im ungünstigsten Fall muss das Projekt abgebrochen werden.[219] In diesem Zusammenhang existiert ein anderer weit verbreiteter Konfliktpunkt, der durch mangelnde Zieldefinition bzw. nicht akzeptierten Detailaufgaben von Teammitgliedern entsteht. Das kann zur Folge haben, dass der Konflikt von der sachlich-intellektuellen Dimension in die sozio-emotionelle Dimension rutscht, welches die Konfliktbewältigung wieder erschwert.[220]

Die vertikale Teamstruktur klärt die interne Rangordnung, wer wie viel Macht bekommt während sich auf der horizontalen Teamstruktur unterschiedliche Rollen herausbilden. Unter einer Rolle werden die Verhaltenserwartungen verstanden, die an ein Teammitglied gerichtet werden. Sie definieren seine Möglichkeiten innerhalb der Gruppe. Typische Rollen in einem Team sind der Neuerer, der kreativ und unorthodox schwierige Probleme löst, der Koordinator, der Ziele erklärt und Prozesse fördert, der Umsetzer, der diszipliniert Ideen umsetzt, der Spezialist, welcher sich als Informationslieferant sieht, den stillen Beobachter und den Wegbereiter, der extrovertiert Kontakte entwickelt und neue Chancen erforscht.[221] Wenn die Fähigkeiten der Teammitglieder nicht mit ihrer Rolle übereinstimmt oder wenn ein Team einseitig mit Rollen

215 Vgl. Hill, E., R., Managing the Human Side of Project Teams, in: Project Management Handbook, (Hrsg.): Cleland, D., New York 1983, S. 581.
216 Vgl. Birker, G.; Birker, K., a.a.O., S. 52 ff.
217 Vgl. Welp, C., Auf die Nase, in: Wirtschaftswoche, Heft 9/2002, S. 144.
218 Vgl. Witt, M., M., a.a.O., S. 88ff.
219 Vgl. Kratz, H.; Sundermeier, R., Strukturen und Prozesse, a.a.O., S. 167.
220 Vgl. Litke, Hans, D., a.a.O., S. 192
221 Vgl. Kratz, H.; Sundermeier, R., Strukturen und Prozesse, a.a.O., S. 163.

67

besetzt ist, besteht Konfliktgefahr und die Leistungsfähigkeit des Teams sinkt. Diese Risiken müssen sowohl im präventiven als auch im situativen Konfliktmanagement bedacht werden. Wichtig ist, dass der Projektleiter Konflikte im Team nicht negiert, sondern sie erkennt, sie offensiv und gemeinsam mit dem Team bearbeitet und zwar dann, wenn diese auftreten.[222]

4.5.5 Projektkultur

So wie das Konfliktmanagement seine Zielorientierung aus den Unternehmenszielen ableitet, so kann und muss auch die Projektkultur aus der Unternehmenskultur abgeleitet werden. Unter Unternehmenskultur versteht man das implizite Bewusstsein eines Unternehmens, das sich aus dem Verhalten der Unternehmensmitglieder ergibt und das im Gegenzug das Verhalten der Mitglieder steuert.[223] Abgeleitet auf die Projektsituation, bedeutet Kultur die grundlegende gemeinsame Einstellung, Normen, Identität und das Verhalten der Projektmitarbeiter.[224] Die Unterschiede zwischen erfolgreichen und nicht erfolgreichen Unternehmen liegen nicht in den Maschinen, Prozessen und Organisationen, sondern in der Unternehmenskultur.[225] Dabei spielen die folgenden produktiven Kulturmerkmale bezogen auf die Projektmitarbeiter eine wesentliche Rolle. Erstens die hohe Übereinstimmung in Normen, Werten und Anschauungen, die starke innere Beteiligung über die Identifikation, die über die formalen Ziele hinausgehende Mission und die hohe Anpassungsfähigkeit.[226] Je größer der gemeinsame Zusammenhalt, desto größer können die kontroversen Belastungen auf der sachlich-intellektuellen Dimension sein.[227]

Der Kulturbildungsprozess ist ein kontinuierlicher Vorgang und entwickelt sich unabhängig von der Art und Weise, wie und ob sich Projektleiter und Projektmitarbeiter bewusst mit ihr auseinandersetzen.[228] Da die Projektkultur eine Reihe wichtiger Funktionen erfüllt, die der wertmäßig kulturellen Dimension zuordenbar sind, stellt die bewusste und zielorientierte Gestaltung der Kultur ein wichtiges Arbeitsfeld für das Konfliktmanagement dar. Die Identifikationsfunktion schafft und stützt das Wir-Gefühl. Die Motivationsfunktion greift dies auf und vermittelt Sinn nach innen und Legitima-

222 Vgl. Pfetzing, K.; Rohde, A., a.a.O., S. 298.
223 Vgl. Scholz, C., Personalmanagement, a.a.O., S. 779.
224 Vgl. Schlick, H. G., a.a.O., S. 316.
225 Vgl. Simon, H., Unternehmenskultur und Strategie, Frankfurt 2001, S. 17.
226 Vgl. Scholl, W., Grundkonzepte der Organisation, in: Schuler, Heinz, Organisationspsychologie, Bern 1993, S. 424.
227 Vgl. Krüger, W., Konfliktsteuerung, a.a.O., S. 189ff.
228 Vgl. Scholz, C., Projektkultur: Der Beitrag der Organisationskultur zum Projektmanagement, in: Managment-Zeitschrift Industrielle Organisation, Heft 3/1991, S. 144ff.

tion nach außen. Die Koordinationsfunktion schließlich wirkt über die gemeinsamen Werte und Normen entlastend auf die Projektführung.[229]

Man erkennt die gelebte Projektkultur an der internen Kommunikation, am Umgang mit Konflikten, ob Titel und Positionen besonders hervorgehoben werden, am Verhalten gegenüber Kunden, am Engagement und an der Art und Weise, wie Entscheidungen getroffen werden.[230] In einer konstruktiven Streitkultur sind Fehler zulässig, denn sie ermöglichen Lernen und Veränderung. Unterstützend wirkt hierfür, soviel Dezentralisation, und sowenig unnötige Vorschriften und Regeln, wie möglich.[231]

Konflikte in der Projektkultur knüpfen an die in Kapitel 2.4.3 beispielhaft ausgeführten Wertkonflikte an. Eine Projektkultur, die unvereinbar zur Unternehmenskultur steht, führt zu Effektivitäts- und -effizientverlusten. Um einen möglichst hohen Effektivitätsgrad zu erreichen, benötigt man aber möglichst problemadäquate Projektkulturen. Dieser Widerspruch der unterschiedlichen Projektkulturen stellt ein nicht zu unterschätzendes Konfliktpotential dar. Das betrifft einmal die Kompatibilität zur Unternehmenskultur, und andermal die Bildung neuer Projektteams.[232]

4.5.6 Kommunikation im Projekt

Die Kommunikation im Projekt spielt eine entscheidende Rolle, sie ist das Herz effizienter Teamarbeit.[233] Kommunikation ist das Verhalten, mit welchem die Projektmitarbeiter sich gegenseitig Informationen austauschen, was verbal oder nonverbal geschehen kann. Nach der Lasswell- Formel kann Kommunikation als Prozess, mit den folgenden fünf beteiligten Komponenten betrachtet werden: Wer (Sender) sagt was (Inhalt), zu wem (Empfänger), auf welchem Kanal (wie), mit welcher Wirkung.[234] Lange wurde angenommen, dass Kommunikation reine Informationsvermittlung, im Sinne von zweckorientiertem Wissen[235] ist. Unberücksichtigt blieb, dass Kommunikation mindestens auf zwei Ebenen stattfindet, der Inhaltsebene und der Beziehungsebene. Mit dieser Thematik hat sich von Thun tiefergehend auseinandergesetzt, und das Vier-Seiten-Modell der Kommunikation entwickelt. Die Vierdimensionalität veranschaulicht, dass alle Seiten stets gleichzeitig in der Kommunikation wirken.[236]

---

229 Vgl. Staehle, W.,H., a.a.O., S. 512.; Glatz, H., Graf-Götz, F., Organisation gestalten, Neue Wege und Konzepte für Organisationsentwicklung und Selbstmanagement, Weinheim 1998, S. 42.
230 Vgl. Kraus,, G.; Westermann, R., a.a.O., S. 140.
231 Vgl. Comelli, G.; Rosensteil, L., a.a.O., S. 291ff
232 Vgl. Scholz, C., Projektkultur, a.a.O., S. 146ff.
233 Vgl. Wahren, H.,-K., Gruppen- und Teamarbeit, a.a.O., S. 179.; Smith, K., A., a.a.O., S. 26.
234 Vgl. Diergarten, D., a.a.O., S. 211.; Kratz, H., Kommunikation, in: Chalupsky, J.; u.a., Der Mensch in der Organisation, Gießen 2000, S. 322ff
235 Vgl. Schwarze, J., Informationsmanagement, Herne 1998, S. 24.
236 Vgl. Seiwert, L., Kommunikation im Betrieb, in: Gaugler, E.,& Weber, W.,(Hrsg.): Handwörterbuch des Personalwesens, Stuttgart 1992, S. 1134.

Abb.13: Das Vier-Seiten-Modell der Kommunikation

Sachinhalt

Sender → Selbstoffenbarung | Nachricht | Appell → Empfänger

Beziehung

Quelle: Vgl. Thun, Friedmann Schulz von, Miteinander reden- Störung und Klärung I, Hamburg 2001, S. 30.

Die Aufgabe des Projektleiters besteht nicht primär im Verhindern von Interaktionsprobleme und den daraus entstandenen Konflikten, sondern die Projektmitarbeitern zur Kommunikation in methodischer und technischer Hinsicht zu befähigen, bspw. mit Kommunikationstrainings.[237] Damit kann die Problematik der Kommunikationsbarrieren aus Kapitel 2.5.3.3 vermindert werden.

Auch Kommunikationsstrukturen lassen sich ermitteln und visuell darstellen. Sie können in Form von Sternen, Ketten, Kreise und Netzformen abgebildet werden.[238] Eine zentralisierte Kommunikationsstruktur wirkt sich kurzfristig positiv auf die Teamleistung aus. Längerfristig betrachtet, steigt mit der Zunahme von dezentralen Kommunikationsstrukturen die Zufriedenheit und Leistungsfähigkeit des Teams.[239]

237 Vgl. Wahren, H.,-K., Zwischenmenschliche Kommunikation und Interaktion im Unternehmen, Berlin 1987, S. 169ff.
238 Vgl. Staehle, H., a.a.O., S. 305.
239 Vgl. Diergarten, D., a.a.O., S. 212.

5 Konfliktmanagement im Projekt

Zur Realisierung der einzelnen Konfliktstrategien werden Methoden benötigt, welche aus dem Konfliktwürfel abgeleitet werden können. Um die Systematik des Würfels anzuwenden, werden die Methoden nach den Konfliktdimensionen und diese wiederum nach den Konfliktbereichen gegliedert.

Diese Systematik wird beispielhaft anhand einer bewussten Auswahl von Methoden erläutert, die sich an die typische Projektsituationen, d.h. Zeitdruck und knappe finanzielle Ressourcen orientieren. Sie müssen einfach, nachvollziehbar, effizient und schnell Umsetzbar sein. Sie werden nicht in aller Ausführlichkeit erklärt, da sie in den angegebenen Quellen umfassender nachgelesen werden können.

5.1 Methoden der präventiven Konfliktstrategien

Die präventiven Konfliktstrategien werden in die Konfliktminimierung, -befähigung und -erzeugung unterteilt.

5.1.1 Methoden zur Konfliktminimierung

Um Konflikte in Projekten minimieren zu können, müssen die notwendigen Bedingungen für Konflikte bekannt sein. Notwendig in dem Sinne, dass ohne die Bedingungen Konflikte nicht möglich sind.[240] Für die Strategie der Konfliktminimierung ergibt sich daher, nach solchen Bedingungen zu suchen um sie entsprechend zu beeinflussen. Diese Bedingungen werden durch das in Kapitel 2.3.1.1 beschriebene Konfliktpotential und die Faktoren der speziellen Konfliktursachen aus Kapitel 2.5.3 dargestellt, welche integraler Bestandteil von Projektsituationen sind. Da die Einzelfaktoren dieser Bereiche als notwendige Bedingung für die Konfliktentstehung betrachtet werden können, erfüllen sie die Anforderung im obigem Sinne. Somit kann der Projektleiter z.B. anhand der Anforderungen der Aufgaben, der Dauer der Lösungszeit und dem Umfang der Kompetenzen im Team, Bedingungen für die Konfliktentstehung in Richtung der Konfliktminimierung beeinflussen. Das Methodenrepertoire des Projektleiters braucht für die Konfliktminimierung nicht erweitert werden. Wesentlich ist, dass er die bekannten Projektmanagementmethoden unter diesem speziellen Focus betrachtet und anwendet, wie z.B. die Projektplanung mit der Formulierung des Projektziels. Unklare Ziele und mangelnde Zielanpassung sind typische Konfliktursachen. Hier ist der Projektleiter gefordert, bewährte Techniken der Zielformulierungen anzuwenden und so mögliche Konflikte präventiv zu minimieren.[241] Dieser Ansatz lässt sich der sachlich-intellektuellen Dimensionen zuordnen.

240 Vgl. Braun, G., a.a.O., S. 94ff.
241 Vgl. Lomnitz, G., a.a.O., S. 940ff.

71

Als Methode in der sozio-emotionellen Dimension kann die bewusste Auswahl der Projektmitglieder verwendet werden. Entscheidend ist neben der fachlichen, die soziale Kompetenz, denn der Nutzen eines Experten ist gering, wenn dieser nicht im Team arbeiten kann oder will. In diesem Zusammenhang ist soziale Kompetenz die Fähigkeit mit anderen effektiv zu kommunizieren, gemeinsam Handlungspläne zu entwickeln, umzusetzen und die eigene Tätigkeit mit anderen zu koordinieren.[242]

Ein wesentlicher Faktor in der wertmäßig-kulturellen Dimension ist die Organisation und ihre Ausprägung. Somit kann die Gestaltung der Projektrahmenorganisation als Methode für die Strategie der Konfliktminimierung verstanden werden. Von den drei vorgestellten Projektorganisationsformen, bietet sich die reine Projektorganisation vor der Einflussorganisation an, während die Matrixorganisation als konfliktstimulierend gilt und damit heraus fällt.[243]

5.1.2 Methoden zur Konfliktbefähigung

Die hinreichende Bedingung, dass die notwendigen Bedingungen des Konfliktpotentials tatsächlich in einen Konflikt transformiert werden, ist das beschriebene Konfliktverhalten. An diesem knüpfen die folgenden Methoden der Problemlösungstechnik, des Konflikttrainings und der Entwicklung einer Projekt- und Konfliktkultur an.

Die Ziele eines Projektes werden bei zunehmender Konkretisierung den sich verändernden Situationen angepasst. Die daraus entstehenden Änderungsprobleme, stellen typische Konfliktsituationen dar. Eine Voraussetzung für die systematische Problembewältigung ist der Einsatz von Problemlösemethoden. Diese werden hier der sachlich-intellektuellen Dimension zugeschrieben. Der klassische Problemlösungszyklus durchläuft sechs Phasen. In der ersten Phase geht es um die Problemerkennung und Problemformulierung. In der zweiten Phase werden alternative Lösungen entwickelt, welche in der dritten Phase bewertet werden. In der vierten Phase findet die Entscheidungsfindung statt und in der fünften werden diese umgesetzt. Die letzte Phase dient der Bewertung der Lösung auf ihren Erfolg.[244]

Die folgenden, beispielhaften Trainings sind Methoden der sozio-emotionellen Dimension, da sie auf das Verhalten im Team abstellen. Das Ziel eines Konflikttrainings ist die Sensibilisierung der Wahrnehmungsebenen, eine Verhaltensänderung und die Erweiterung der individuellen Konfliktkapazität, die es den Projektmitarbeitern in zukünftigen Konfliktsituationen erlauben soll, den Konflikt konstruktiv zu bearbeiten.

---

242 Vgl. König, E., Soziale Kompetenz, in: Gaugler, E.; Weber, W., Handwörterbuch des Personalwesens, Stuttgart 1992, S. 2046.
243 Vgl. Verma, V., K., Conflict Management, in: Pinto, J.,K., Project Management Handbook, 1998, S. 359ff.
244 Vgl. Brommer, U., a.a.O., S. 216ff.

72

Damit können die Konfliktparteien selbst Verantwortung übernehmen und im Sinne einer Selbstregulation handeln.[245]

Im ersten Trainingsbeispiel „Was fällt mir zum Wort Konflikt ein?" sollen sich die zu einer Projektgruppe ausgewählten Mitarbeiter, mit der eigenen Definition von und ihrer Einstellung zu Konflikten auseinander setzen. Die Arbeitsfrage lautet: Was fällt mir zum Wort „Konflikt" ein? Die Mitarbeiter werden gebeten die ersten 10 Assoziationen, die ihnen spontan einfallen aufzuschreiben. Anschließend sollen diese positiv, neutral oder negativ bewertet werden. Wie sieht die addierte Gesamtbilanz aus, welche Erfahrungen kommen darin zum Ausdruck?[246] Die verbreitete Einstellung, Konflikte seien negativ ist eine der Hauptgründe, warum ein Konfliktmanagement für Projektleiter so schwierig ist.[247] Dieses relativ kurze und einfache Training eignet sich als Einstieg und Reflektion, um die oft negative Konflikteinstellung zu hinterfragen bzw. zu verändern

Das nächste Konflikttraining „Schrittweise Feindseligkeit/Freundlichkeit" erlaubt in Form eines Rollenspiels selbst Emotionen zu spielen und wahrzunehmen. Dieses Training besteht aus zwei Rollenspielen. Im Rollenspiel A sollen zwei Projektmitarbeiter über ein kontroverses Thema diskutieren und dabei zunehmend aggressiver und feindseliger werden. Im Rollenspiel B soll sich ein Spieler A feindselig verhalten, während der Spieler B gleichbleibend ruhig und freundlich bleibt. Anschließend werden die Gefühle der Spieler ausgewertet. Wäre z.B. B im zweiten Rollenspiel in Wirklichkeit ebenso freundlich gewesen und welche Folgerungen ergeben sich daraus für die Verhinderung und Verschärfung von Konflikten?[248]

Ein drittes Trainingsbeispiel knüpft an die in Kapitel 2.3.2 dargestellten Grundmuster des Konfliktverhaltens an. Mit Hilfe von vier vorformulierten Fragen lässt sich das individuelle Konfliktverhalten identifizieren, welches als Kriterium für die Auswahl oder entsprechende Personalentwicklungsmaßnahmen von Mitarbeitern verwendet werden kann. Den vier gestellten Fragen werden jeweils fünf Antwortmöglichkeiten zum ankreuzen zugeordnet, wobei nur einmal pro Frage eine Antwort angekreuzt werden darf. Die Kombination der vier Fragen und den fünf angegebenen Antworten lassen sich in das Verhaltensgitter der Abbildung 4.5.3 überführen und der individuellen Konfliktstil den fünf Hauptstilen zuordnen.[249]

Der Aufbau einer Projekt- und Konfliktkultur ergibt sich als Methode der wertmäßig-kulturellen Dimension. Realisiert werden kann dies z.B. durch die verbindliche Regelung von Verhaltensregeln im Kick-Off des Projektstarts und der Berücksichtigung in

245 Vgl. Lippmann, E., Umgang mit Konflikten als Führungsaufgabe, in: Steiger, Th.; Lippmann, E., Handwörterbuch angewandte Psychologie für Führungskräfte, Berlin 1999, S. 350.
246 Vgl. Berkel, K., Konflikttraining, Heidelberg 1995, S. 9.
247 Vgl. Smith, K., A., a.a.O., S .32.
248 Vgl. Berkel, K., Konflikttraining, a.a.O., S. 38.
249 Vgl. Berkel, K., Konflikttraining, a.a.O., S. 49.

73

entsprechenden Trainings der Teamentwicklung. Solche Trainings können Teams in kurzer Zeit zur vollen Leistungskraft bringen und oder bestehende Teams in ihrer Effizienz, z.B. nach Konfliktsituationen, optimieren.[250]

Im Kern läuft der Aufbau und die Veränderung einer entsprechenden Kultur über die Entwicklung einer Vision in vier Phasen ab. In Phase 1 wird eine neue Vision formuliert, in Phase 2 wird die aktuelle Situation als „schlechte Alternative", die Vision als „gute Alternative" kommuniziert. In der dritten Phase wird Vertrauen in die Vision aufgebaut und in der vierten Phase konkrete Maßnahmen zur Erreichung der Vision aufgezeigt.[251]

Für den Aufbau einer Konfliktkultur können konkrete Verhaltensregeln folgende sein: Konflikte sind normal, alltäglich und dürfen nicht negiert werden, jeder erkennt den anderen als gleichwertigen Partner an, statt mit der Frage „warum" nach Schuldigen zu suchen soll mit der Frage „wozu" der Konflikt offensiv angegangen werden, die Konfliktaustragung darf nicht mit einem Gewinner und Verlierer enden, jeder Projektmitarbeiter spricht für sich selbst und verwendet „Ich-Botschaften", Pseudokompromisse (Kuhhandel) sind unerwünscht, die Konfliktbeilegung sollte nicht durch ein „Machtwort" des Projektleiters erfolgen, nichtbetroffene Projektmitarbeiter halten sich aus dem Konflikt heraus, Konflikte sind verbal und nicht durch Machtkämpfe auszutragen und Verstöße gegen diese Regeln werden vom Projektleiter angesprochen.[252]

5.1.3 Methoden zur Konfliktstimulierung

Die Konfliktstimulierung dient der Ansteuerung des optimalen Konfliktniveaus. Für das Projektmanagement bedeutet das, die Rahmenbedingungen entsprechend zu gestalten. In diesem Zusammenhang kann auf die Einzelfaktoren aus Kapitel 2.5.3 aufgebaut werden. Die Komponenten in den Grafiken sind bereits sowohl nach den drei Konfliktdimensionen, als auch nach den drei Konfliktbereichen aufgeteilt. Entsprechend kann die Konfliktintensität und -häufigkeit beeinflusst werden.

Eine zweite Methode, allerdings nur der wertmäßig-kulturellen Dimension zuordenbar, ist die Wahl der Projektrahmenorganisation. Um erwünschte Wirkungen durch Konfliktstimulierung zu erhalten bietet sich die in Kapitel 4.5.1 beschriebene Matrixorganisation an zu installieren.[253]

250 Vgl. Comelli, G., Qualifikation für Gruppenarbeit: Teamentwicklung, in: Domsch, Michel; Regnet, Erika; Rosenstiel, Lutz von, Führung von Mitarbeitern, Stuttgart 1995, S. 388ff.
251 Vgl. Staehle, H., a.a.O., S. 931ff.
252 Vgl. Lumma, K., Strategien der Konfliktlösung, Hamburg 1988, S. 37ff.; Scholz, C., Projektkultur, a.a.O., S. 148ff.; Kellner, H, Konflikte verstehen, verhindern, lösen. Konfliktmanagement für Führungskräfte, München 2000, S. 77.; Pfetzing, K., Moderation, in: Chalupsky, J.; u.a., Der Mensch in der Organisation, Gießen 2000, S. 365ff.
253 Vgl. Verma, V., Conflict Management, a.a.O., S. 359ff.

74

5.2 Methoden der situativen Konfliktstrategien

Die Methoden und Maßnahmen orientieren sich an der jeweils vorliegenden Situation. Ist die Konfliktwirkung dysfunktional, so dass eine zielorientierte Projektabwicklung nicht mehr realistisch erscheint, muss der Projektleiter entsprechend intervenieren. Auch in der Projektarbeit gilt es, die Prinzipien ökonomischen Handelns zu beachten. Die unterschiedlichen Konfliktmethoden verursachen unterschiedliche Kosten, welches durch die folgenden vier Aspekte verdeutlicht wird. Jede Methode verursacht Transaktionskosten im Sinne von Zeitaufwand, emotionale Belastung, finanzielle Mittel, und entgangenen Gelegenheiten. Der zweite Aspekt betrifft die Zufriedenheit der Ergebnisse und ihr faires Zustandekommen. Der dritte Aspekt beschreibt die Auswirkungen auf die Beziehungen und der vierte Aspekt beschäftigt sich mit der Dauerhaftigkeit einer Konfliktregelung.[254] Diese vier Aspekte sind miteinander verknüpft. Unzufriedenheit mit den Konfliktergebnissen belasten die Beziehungen und erhöht die Wahrscheinlichkeit neuer Konflikte, was die Transaktionskosten erhöht. Da die unterschiedlichen Kosten gleichgerichtet fallen und steigen, können alle vier Aspekte auch als Gesamtkosten des Konflikts bezeichnet werden.[255] Diese Kostenzusammenhänge sind vom Projektleiter bei der Auswahl und Anwendung von Methoden zu beachten.

5.2.1 Methoden zur Konfliktunterdrückung

Vorstellbar sind Situationen mit einem zu hohen Konfliktniveau. Wenn der Projektleiter anhand der Konfliktsignale bzw. mittels der Konfliktanalyse einen weiteren Konflikt wahrnimmt, mit welchem die Konfliktbelastung die Konfliktkapazität überschreiten würde, kann er sich bewusst für die Unterdrückung des neuen Konflikts entscheiden. Unterdrücken bedeutet hier, keine weiteren Maßnahmen ergreifen und dies auch den Betroffenen gegenüber kommunizieren. Relevante Gründe für diese Entscheidung könnten z.B. akuter Zeitdruck sein. Da diese Entscheidung analytisch getroffen und begründet werden soll, ist sie als Methode der sachlich-intellektuellen Dimension zuzuordnen.

Eine wenig populäre Methode, welche aber auf allen Dimensionen wirkt, ist der Machteingriff der Autorität. D.h., der Projektleiter regelt den Konflikt in seinem Sinne. Zu beachten ist allerdings, über welche Befugnisse der Projektleiter durch die Projektrahmenorganisation tatsächlich verfügt.

5.2.2 Methoden zur Konfliktbewältigung

Von allen Methoden sind die für die Konfliktbewältigung am besten entwickelt, wahrscheinlich auch deshalb, weil sie sich auch in anderen Bereichen bewährt haben. Der Einsatz der folgenden Methoden ist abhängig von der jeweiligen vorzufindenden Situ-

254 Vgl. Ury, L. W.; Brett, M. J.; Goldberg, B. S., Konfliktmanagement, Frankfurt 1991, S. 28.
255 Vgl. Ury, L. W.; Brett, M. J.; Goldberg, B. S., a.a.O., S. 30.

ation und knüpft damit an das Eskalationsmodell in Abbildung 9, und die dort vorgestellten Methoden an.

5.2.2.1 Methoden in win-win-Situationen

Bei Projektkonflikten auf den ersten drei Eskalationsstufen, haben noch alle Projektbeteiligten Interesse an einer „win-win-Lösung". Um den Konflikt dahingehend zu steuern, bieten sich z.B. die Methoden der Konfliktmoderation oder das Harvardkonzept an.

Die Konfliktmoderation ist eine Methode der kooperativen Problemlösung, mit dem Ziel den Konflikt zu beenden. Der Konfliktmoderator muss dabei über die Fähigkeit verfügen, Verständnis für die Positionen der betroffenen Parteien und die Position des neutralen Dritten zu entwickeln. Seine Aufgabe ist nicht eine Lösung vorzugeben, sondern den Kommunikations-und Einigungsprozess zu steuern.[256] In diesem Zusammenhang ist die Berücksichtigung des Vier-Kanten-Modells der Kommunikation von erheblicher Bedeutung. Damit am Ende ein Ergebnis auf dem Tisch liegt, sollten für die Konfliktmoderation bestimmte Schritte eingehalten werden. Der erste Aufgabenschritt besteht in der Schaffung einer konstruktiven und angstfreien Gesprächsatmosphäre. Der zweite Schritt beinhaltet die Steuerung des Konfliktlöseprozesses, welcher acht Phasen durchläuft. In Phase 1 findet die Kontakt- und Situationsklärung, sowie die Vereinbarung von verbindlichen Arbeitsregeln statt.[257] In Phase 2 geht es um die Konfliktbeschreibung und ihrer Wirkungen auf die Projektarbeit. In der Phase 3 soll der Konfliktmoderator die Parteien dazu auffordern, ihre Sichtweise über den Konflikt offen und nachvollziehbar darzulegen.[258] Für die Phase 4 werden Kreativitätstechniken zur Erarbeitung von möglichen Lösungen eingesetzt, welche in Phase 5 bewertet werden. Typische Bewertungskriterien sind die Machbarkeit, der Nutzen, die Einfachheit, die Kostenintensität, die Akzeptanz der einzelnen Lösungen, die Ressourcenverfügbarkeit und die Frage mit welchen Widerständen zu rechnen ist. In Phase 6 werden Handlungsschritte verbindlich geregelt, welche in Phase 7 von den Konfliktparteien umgesetzt werden. Phase 8 beinhaltet die kritische Rückschau und das Feedback über den Erfolg.[259]

Für die Steuerung und Strukturierung der Konfliktmoderation eignen sich zielführende Fragetechniken, Zusammenfassungen mit Standortbestimmung und die permanente Visualisierung des Ablaufes um eine hohe Arbeitskonzentration zu erreichen.[260]

Das Harvardkonzept, entwickelt an der Harvard-Universität, schlägt einen „dritten" Weg zwischen dem weichen Stil (eher konfliktvermeidend mit schnellen Zugeständnissen) und dem harten Stil (gewinnorientiert, unbeweglich auf eigenen Positionen

---

256 Vgl. Höher, P.; Höher, F., a.a.O., S. 166ff.
257 Vgl. Seifert, Josef, W., a.a.O., S. 39ff.
258 Vgl. Jauch, R.; Mergel, S., Konfliktmanagement, S. 39.
259 Vgl. Höher, P.; Höher, F., a.a.O., S. 166ff.
260 Vgl. Pfetzing, K., Moderation, a.a.O., S. 376ff.

verharrend) als Verhandlungsmethode vor. Das Ergebnis einer Konfliktverhandlung wird daran gemessen, ob es eine von allen Seiten akzeptierte Übereinkunft beinhaltet, ob es effizient in Sinne von Umsetzbarkeit, Dauerhaftigkeit und Wirksamkeit ist und ob es die Beziehungen unter den Konfliktparteien verbessert oder zumindest nicht verschlechtert.[261] Das Harvardkonzept unterscheidet streng zwischen der Sach- und der Beziehungsebene und beruht auf folgenden vier Grundaspekten. Erstens werden Menschen und Probleme getrennt behandelt. Zweitens stehen Interessen statt Positionen im Mittelpunkt. Drittens werden verschiedene Alternativen zur Konfliktlösung entwickelt und viertens werden die Alternativen auf Basis möglichst objektiver Kriterien bewertet. Zur Wertbasis dieser Verhandlungsmethode gehört die uneingeschränkte Akzeptanz von Konflikten, die Gleichberechtigung der Konfliktparteien, der Wille zur gemeinsamen Lösungsfindung mit Interessenausgleich und die Bemühung eine tragfähige Beziehung herzustellen.[262]

5.2.2.2 Methoden in win-lose-Situationen

Der mittlere Konflikteskalationsbereich ist besonders kritisch, da es von den hier angewendeten Methoden abhängt, die Konfliktparteien für eine aktive Konfliktbearbeitung zu gewinnen. Ziel ist den Konflikt entweder zu beenden oder ihn wieder in den konstruktiv handhabbaren ersten Eskalationsbereich zu überführen.

Die Prozessbegleitung stellt eine Mischung aus Konfliktmoderation und einer speziellen psychologischen Gesprächsführung dar. In den meisten Fällen wird diese Methode von externen Beratern durchgeführt. Sie setzt zuerst an der sozial-emotionellen Dimension an, um verhärtete Rollen und Beziehungen aufzutauen und in den sachlichen Bereich zu überführen. Der Prozessberater verfügt über keine Befugnisse, sein Ziel ist Hilfe zur Selbsthilfe zu geben und damit einen Lernprozess anzustoßen. Da solche Prozesse naturgemäß eher mehr Zeit in Anspruch nehmen, eignet sich diese Methode eher in großen und länger angelegten Projekten, dann aber durchaus effektiv.[263]

Projektkonflikte können so eskalieren, dass die Konfliktparteien keine Chance mehr für eine kooperative Konfliktbewältigung sehen. Das gemeinsame Interesse liegt nur noch in der Schadensbegrenzung und in der Bereitschaft einen Kompromiss, ausgehandelt durch einen von beiden Seiten anerkannten Vermittler, zuzustimmen. Eine inzwischen sehr bekannte Vermittlungsmethode ist die Mediation. Diese wird als Verfahren zur Problemlösung von Konflikten verstanden, in dem die Betroffenen mit Hilfe des neutralen Mediators, durch Verhandlungsprozesse einen tragfähigen Kompromiss anstreben. Im Unterschied zur Konfliktmoderation fühlt sich der Mediator auch für das inhaltliche Ergebnis verantwortlich.[264]

261 Vgl. Lippmann, E., Umgang mit Konflikten, a.a.O., S. 354ff.
262 Vgl. Lippmann, E., Konfliktmanagement, a.a.O., S. 29.
263 Vgl. Glasl, F., a.a.O., S. 371ff.
264 Vgl. Wiedemann, P.; Kessen, S., Mediation, in: Organisationsentwicklung, Heft 4/1997, S. 54ff.; Glasl, F., Konfliktmanagement, Bern 1999, S. 380ff.

Eine dritte Methode ist das Schiedsverfahren. Für Projektkonflikte bedeutet dies, dass eine neutrale, weisungskompetente Person aus dem Unternehmen, „Schiedsrichter" genannt, den Konflikt nach eigener Lageeinschätzung beurteilt und durch verbindliche Regelungen beendet.[265]

5.2.2.3 Methoden in lose-lose-Situationen

Mit Konfliktparteien, die sich auf den höchsten Eskalationsstufen bewegen, ist eine konstruktive und gemeinsame Arbeit nicht mehr möglich. Die massive Störung der Projektarbeit muss sofort unterbunden werden, um ein totales Scheitern zu verhindern. Als Methoden bieten sich das Schiedsverfahren, der autoritäre Machteingriff, z.B. durch Austauschen von Mitarbeitern, und der bewusste Projektabbruch an.[266] Das letztgenannte Instrument spielt bisher nur eine untergeordnete Rolle, welches aber durchaus interessante Vorteile bietet. Die Entscheidung für den Abbruch ist einerseits abhängig von den Befugnissen des Projektleiters und andererseits vom Entscheider auf der übergeordneten Projektmanagementebene. Die Entscheidung ist ein Abwägen über den künftigen Projektverlauf und die Folgen des Abbruchs im Rahmen einer Kosten-Nutzenanalyse. Die Kosten eines Abbruchs liegen in den entgangenen Erlösen und Know-how Zuwächsen und dem nicht realisierten Nutzen. Trotz bereits getätigter Investitionen kann als Vorteil das Vermeiden des totalen Misserfolgs und die Freisetzung von gebundenen Ressourcen bewertet werden. Hinzukommt eine Begrenzung der sozialen Folgen wie Image- und Motivationsverluste im Unternehmen.[267]

5.2.3 Methoden zur Konfliktakzeptanz

Zu den beschriebenen Konfliktstrategien gehört auch die Konfliktakzeptanz. Manche Konflikte, z.B. die sog. „Chemiekonflikte" zwischen Personen, lassen sich weder unterdrücken noch bewältigen. Für solche Situationen müssen der Projektleiter und die Betroffenen Regelungen finden, wie eine relativ störungsarme Weiterarbeit dennoch möglich ist, bspw. durch örtlich getrennter Aufgabenwahrnehmung bis hin zum Ausscheiden aus dem Projekt. Dies ist zwar nicht populär aber letztlich eine Frage der Alternativen. Wichtig ist, die Konfliktsituation offensiv anzugehen und ihre Problematik der Nichtbewältigung anzusprechen.[268]

265 Vgl. Glasl, F., a.a.O., S. 390ff.
266 Vgl. Gemünden, H. G.; Lechler, T., Der bewusster Projektabbruch- ein verborgener Erfolgsfaktor, in: Schulz, A.; Pfister, C., (Hrsg.), Strukturwandel mit Projektmanagement, München 1996, S. 351ff.
267 Vgl. Gemünden, H. G.; Lechler, T., a.a.O., S. 354.
268 Vgl. Kellner, H., Konflikte verstehen, a.a.O., S. 104.

78

5.2.4 Methoden zur Konfliktstimulierung

Nun gibt es auch vorstellbare Situationen, in welchen die Konfliktbelastung soweit unter der Konfliktkapazität ist, dass ein Projektteam unter seiner Leistungsmöglichkeit bleibt und die zügige Projektabwicklung darunter leidet.

Wie in Kapitel 5.1.3 dargestellt, kann auch hier als Methode an die Faktoren der Komponenten aus Kapitel 2.5.3 angeknüpft werden, um die Konfliktintensität und - häufigkeit entsprechend zu beeinflussen. Dieser Ansatz wirkt in allen drei Dimensionen.

Eine viel konkretere Methode zur Stimulierung erwünschter Konfliktwirkungen wie Kreativität oder Leistungssteigerung, sind unterschiedliche Kreativitätstechniken und dialektische Fragetechniken. Diese Methoden zielen auf die produktive sachlich-intellektuelle Dimension.

Ein Ansatz in der sozio-emotionellen Dimension zur Stimulierung der Teamleistung ist der Einsatz kompetitive Elemente. Gezielter kooperativer Wettbewerb (siehe Kapitel 2.5.2) fördert funktionale Konflikte.[269] Auch wenn dieser Ansatz relativ weit verbreitet ist, ist das Risiko nicht zu unterschätzen, denn ein zunehmender Intragruppenwettbewerb, wirkt kohäsionsmindernd und kann schnell zu dysfunktionalen Wirkungen führen.[270]

5.3 Erfahrungssicherung

Sie kann im Anschluss an die Konflikthandhabung durchgeführt werden, auf alle Fälle aber sollte sie integraler Bestandteil der Projektabschlussphase sein. Jedes Projekt endet mit der Projektabschlusssitzung, in welcher die Reintegration der Projektmitarbeiter in die Linie, die Entlastung des Projektleiters und seines Teams und die Projektauswertung erfolgt, die im Abschlussbericht dokumentiert wird. Diese kritische Rückschau ist Aufgabe des Projektleiters und seines Teams und dient der Verbesserung für zukünftige Projekte.[271]

Mit der Erfahrungssicherung schließt sich auch der Kreis zum präventiven Konfliktmanagement. Denn das Lernen aus der Konflikthandhabung bietet den Input für verbesserte Methoden in der Konfliktprävention. Wichtige Fragen in diesem Zusammenhang sind, z.B. was ist passiert, wie konnte der Konflikt passieren, wäre er früher zu erkennen gewesen, wie wurde der Konflikt gelöst, hat sich die Vorgehensmethode bewährt, wie kann man ihn in Zukunft verhindern, was kann daraus gelernt werden und was kann getan werden, dass Kunden und Unbeteiligte von den Konfliktwirkungen nicht betroffen werden? Als Projektleiter ist allerdings darauf zu achten, dass die

269 Vgl. Verma, V., a.a.O., S. 359ff.
270 Vgl. Staehle, H., a.a.O., S. 282ff.
271 Vgl. Hansel, J., Lomnitz, G., a.a.O., S. 140, 162.

Schuldfrage nicht relevant wird, da sonst die Erfahrungssicherung am Widerstand der Betroffenen zu scheitern droht.[272]

272 Vgl. Kellner, H., Konflikte verstehen, a.a.O., S. 71.

6   Würdigung und Fazit

Ziel der Arbeit ist auf der einen Seite die Notwendigkeit einer produktiven Handhabung von Konflikten in Projekten aufzuzeigen und andererseits ein systematisches Konfliktmanagement für das Projektmanagement zu entwickeln.

Dabei hat das Konfliktmanagement drei Funktionen zu erfüllen, das optimale Konfliktniveau anzusteuern, die Handlungsfähigkeit des Projektleiters und die Arbeitsfähigkeit für das Projektteam in Konfliktsituationen sicherzustellen. Für den Projektleiter wurde dafür ein Managementinstrument entwickelt, der Konfliktwürfel.

Die Stärken des im Konfliktwürfel visualisierten Konfliktmanagementansatzes sind, erstens seine Existenz, zweitens seine Systematik und drittens seine Ganzheitlichkeit. Ganzheitlich, da sich über die präventiven und situativen Gestaltungsansätze sowohl sämtliche Konfliktdimensionen als auch sämtliche Gestaltungsbereiche miteinbeziehen lassen. Die Systematik, da die relevanten Gestaltungselemente inhaltlich schlüssig miteinander verknüpft sind und die Komplexität und Dynamik des Konflikts bearbeitbar macht. Und drittens die Existenz, da mit ihm nun ein Instrument für das Management von Konflikten vorliegt. Damit kann der Projektleiter Konflikte für die Zielerreichung des Projekts nutzen. Der Nutzen liegt im optimalen Konfliktniveau, welches er mit den dargestellten Konfliktstrategien und den Methoden ansteuert und der Unterstützung und Sicherung seine Handlungsfähigkeit und die Arbeitsfähigkeit des Projektteams in Konfliktsituationen.

Die Schwächen dieses Konfliktmanagementansatzes ergeben sich sowohl aus der weichen Thematik, als auch aus den verwendeten Modellen selbst.

Der Mangel einer einheitlichen Konflikttheorie und empirischen Forschungen, die unterschiedlich konfliktwissenschaftlichen Betrachtungsweisen und nicht zuletzt der weiche Verhaltensfaktor Konflikt selbst, verursachen zahlreiche, unterschiedliche und inhaltliche Abgrenzungs- und Zuordnungsprobleme. Dies wird z.B. in Kapitel 2.3.3 und 2.4 bei der inhaltliche Überschneidung der Konfliktarten, in Kapitel 3.5.2 bezüglich der Zuordnung der Komponenten zu den Gestaltungsdimensionen, und in Kapitel 4.5.1 bei der Zuordnung der Komponenten in Verbindung mit den Dimensionen zu den einzelnen Projektorganisationen besonders deutlich.

Eine andere Schwäche ergibt sich aufgrund des Modells des situationsbezogenen optimalen Konfliktniveaus, welches durchaus umstritten ist. Dies hängt vor allem mit der Operationalisierbarkeit und der Messbarkeit des optimalen Konfliktniveaus zusammen, ab wann genau ein Konfliktniveau für eine Situation optimal ist. Auf diese Problematik wurde hingewiesen und soll auch nicht weiter geklärt werden. Das Modell bietet, wenn auch theoretisch, den großen Vorteil einer nachvollziehbaren Zielorientierung die in sich schlüssig und als Grundlage für das Managementinstrument des Konfliktwürfels dient.

Auch die Messung und Überprüfbarkeit der Konfliktstrategien und ihren Methoden bezogen auf ihren anteiligen Projekterfolg ist ein Schwachpunkt, da die harten Erfolgskriterien bei erfolgreicher Zielerreichung in Erscheinung treten, nicht aber die weichen welche damit nicht quantifizierbar sind.

Bezogen auf Konfliktsituationen ist eine Überprüfbarkeit eher gegeben, da die Konfliktmethoden direkt auf das Verhalten der Projektbeteiligten wirken. Anhand deren Reaktionen lässt sich schnell feststellen, ob die Konfliktkapazität über- oder unterschritten ist, die Handlungsfähigkeit des Projektleiters und oder die Arbeitsfähigkeit des Projektteams sicher gestellt sind. Über Feedbackschleifen könnte man in empirischen Untersuchungen, soweit dies in Projektsituationen möglich ist, weitere Methoden austesten.

Die zentrale Rolle für das Konfliktmanagement in Projekten ist der Projektleiter. Mit dem Konfliktmanagement bekommt er eine weitere Aufgabe zugeschrieben, obwohl die Anforderungen an ihn seit Jahren kontinuierlich zunehmen. Die Frage nach der Überforderung ist daher mehr als legitim. Allerdings bewirkt gerade ein systematisches Konfliktmanagement eine Unterstützung seine Handlungsfähigkeit und Entlastung von herkömmlichen ad hoc Maßnahmen in Konfliktsituationen.

Zusammenfassend und abschließend lässt sich meines Erachtens festhalten, dass trotz der aufgeführten Schwächen, der hier vorgestellte Konfliktmanagementansatz die drei angesprochenen Kriterien erfüllt, und als notwendige Führungsaufgabe in das Projektmanagement integriert ist. Mit dem Konfliktwürfel liegt ein ausbaufähiges Managementinstrument vor, welches mit seinem Beitrag zur Zielerreichung im Projektmanagement auf die Feuertaufe in der Praxis wartet.

„ Auseinandersetzungen sollten nicht damit enden, dass man sich auseinander setzt."
Jakob Fernay, Philosoph [273]

---

273 Vgl. Gommlich, F.; Tieftrunk, A., a.a.O., S. 101.

82

Literaturverzeichnis

Aggteleky, Bela; Bajna N.,
Projektplanung: ein Handbuch für Führungskräfte, Hanser Verlag, München 1992.

Bay, Rolf, H.,
Teams effizient führen, Vogel Buchverlag, Würzburg 1998.

BENDIXEN, PETER; KEMMLER, HEINZ W.,
Planung- Organisation und Methodik innovativer Entscheidungsprozesse, Walter de Gruyter
Verlag, Berlin 1972.

BERKEL, KARL,
Konfliktforschung und Konfliktbewältigung, Ein organisationspsychologischer Ansatz,
Duncker&Humblot Verlag, Berlin 1984.
Kurztitel: Konfliktforschung und Konfliktbewältigung

BERKEL, KARL,
Interpersonelle Konflikte, in: Gaugler, E.,& Weber, W.,(Hrsg.): Handwörterbuch des
Personalwesens, Schäffer-Poeschel Verlag, Stuttgart 1992, S. 1086-1094.
Kurztitel: Interpersonelle Konflikte

BERKEL, KARL,
Konflikte in und zwischen Gruppen, in: Domsch, Michel; Regnet, Erika; Rosenstiel, Lutz
von, Führung von Mitarbeitern, Schäffer- Poeschel Verlag, Stuttgart 1995.
Kurztitel: Konflikte in und zwischen Gruppen

BERKEL, KARL,
Konflikttraining. Arbeitshefte Führungspsychologie, Sauer-Verlag, Heidelberg 1995.
Kurztitel: Konflikttraining

BIRKER, KLAUS,
Projektmanagement, Cornelsen Verlag, Berlin 1999.
Kurztitel: Projektmanagement

BIRKER, KLAUS,
Betriebliche Kommunikation, Cornelsen Verlag, Berlin 2000.
Kurztitel: Betriebliche Kommunikation

BIRKER, GABRIELE; BIRKER, KLAUS,
Teamentwicklung und Konfliktmanagement, Cornelsen Verlag, Berlin 2001.

BLAZEK, A.,
Projekt-Controlling, München 1990.

BLEICHER, KNUT,
Führung, in: Wittmann, W. & Kern, W. & Köhler, R. et al. (Hrsg.): Handwörterbuch der Betriebswirtschaft, Schäffer-Poeschel Verlag, Stuttgart 1993.

BOSSHARD, KARL,
Konflikt und Konfliktmessung im Unternehmen, Dissertation, Verlag Florenz, München 1988.

Braun, G., Das liberalistische Modell als konzeptioneller Bezugsrahmen für Konfliktanalyse und Konflikthandhabung, in: Dlugos, G. (Hrsg.), Unternehmungsbezogene Konflikt-forschung, Stuttgart 1979.

BROMMER, ULRIKE,
Konfliktmanagement statt Unternehmenskrise-Moderne Instrumente zur Unternehmens-führung, Orell Füssli-Verlag, Zürich 1994.

Comelli, G.,
Qualifikation für Gruppenarbeit: Teamentwicklung, in: Domsch, Michel; Regnet, Erika; Rosenstiel, Lutz von, Führung von Mitarbeitern, Stuttgart 1995, S. 388ff.

Comelli, G.; Rosenstiel, L., v.,
Führung durch Motivation, München 2001.

COSER, LEWIS A.,
Theorie sozialer Konflikte, Luchterhand Verlag, Neuwied 1972.

Daum, Andreas,
Erfolgs- und Misserfolgsfaktoren im Büro- Projektmanagement, Dissertation, Hampp Verlag, München 1993.

Decker, Franz,
Die neuen Methoden des Lernens, Lexika Verlag, Würzburg 1999.

Delhees, K.,
Interpersonelle Konflikte und Konflikthandhabung in Organisationen, Bern 1979.

Deutsch, Morton,
Konfliktregelung- Konstruktive und destruktive Prozesse, Ernst Reinhardt Verlag, München 1976.

Deutsch, Morton,
Project Manager, Catalyst to Constant Change, A behavioural Analysis, in: Project Mangement Handbook, Hrsg.: Cleland, D., Van Nostrand Reinhold Company, New York 1983.

Diergarten, D.,
Der Betrieb als soziales System: Verhalten in Gruppen, in: Gros, Eckhard, Anwendungs-bezogene Arbeits-, Betriebs- und Organisationspsychologie, Göttingen 1994, S. 208ff.

85

Eschlbeck, Dieter; Süß, Gerda,
Projektmanagement Interaktiv (CD), MoveYourMind, München 1997.

Esser, Werner-Michael,
Konfliktverhalten in Organisationen, Dissertation, Universität Mannheim 1972.

FORGAS, JOSEPH P.,
Soziale Interaktion und Kommunikation, Verlags Union, Weinheim 1992.

FRESE, ERICH,
Grundlagen der Organisation, Konzepte- Prinzipien- Strukturen, Gabler Verlag, Wiesbaden 1998.

Frey, S.; Frenz, G., B.; Frenz, H.-G-, Analyse von Interaktionen, in: Schuler, Organisationspsychologie, Bern 1993

Gamber, Paul,
Konflikte und Aggression im Betrieb, mgv-Verlag, München 1992.

Gemünden, H. G.; Lechler, T.,
Der bewusster Projektabbruch- ein verborgener Erfolgsfaktor, in: in: Schulz, Armin; Pfister, Christine, (Hrsg.), Strukturwandel mit Projektmanagement, GPM, München 1996.

Glasl, Friedrich,
Konfliktmanagement- Ein Handbuch für Führungskräfte, Beraterinnen und Berater, Paul Haupt Verlag, Bern 1999.

Glatz, Hans; Graf-Götz, Fridrich,
Organisation gestalten, Weinheim 1998.

Gommlich, Florian; Tieftrunk, Andreas,
Mut zur Auseinandersetzung: Konfliktgespräche, Falken Verlag, Niedernhausen 1999.

Grunwald, W.,
Konflikt- Konkurrenz- Kooperation: Eine theoretisch-empirische Konzeptanalyse, in: Grunwald, W.; Lilge, H., Kooperation und Konkurrenz in Organisationen, Paul Haupt Verlag Bern 1982.
Kurztitel: Konflikt- Konkurrenz- Kooperation

Grunwald, Wolfgang,
Konfliktmanagement: Denken in Gegensätzen, in: FB/IE Zeitschrift für Unternehmens-entwicklung und Industrial Engineering, Heft 5/1995, S. 252-259.
Kurztitel: Konfliktmanagement

Grunwald, Wolfgang,
Umgang mit Konflikten, in: Management-Zeitschrift Industrielle Organisation, Heft 69/2000 Nr.3, S. 18-24.
Kurztitel: Umgang mit Konflikten

Hansel, J., Lomnitz, G.,
Projektleiterpraxis, Springer-Verlag, Berlin- Heidelberg-New York 2000.

Heck, Arno,
Strategische Partnerschaften zum operativen Erfolg führen, in: Management-Zeitschrift Industrielle Organisation, Heft 4/2000, S. 24-29.

Henning, Klaus; Marks, Siegfried,
Kommunikations- und Organisationsentwicklung, Verlag der Augustinus Buchhandel, Aachen 1995.

Hill, E., Raymond,
Managing the Human Side of Project Teams, in: Project Mangement Handbook, Hrsg.: Cleland, D., Van Nostrand Reinhold Company, New York 1983.

Höher, Peter; Höher, Frederike,
Konfliktmanagement- Konflikte kompetent erkennen und lösen, Haufe Verlag, Freiburg 2000.

Huber, T.,
Unternehmenskultur-ein Erfolgsfaktor für Veränderungen, in: Chalupsky, J.; u.a.,
Der Mensch in der Organisation, Gießen 2000.

Jost, Peter, J.,
Konfliktmanagement und das Organisationsproblem, in: WISU, Heft 4/ 2000, S. 510-524.

Jauch, R.; Mergel, S.,
Konfliktmanagement, Vogel Verlag und Druck, Würzburg 1997.

Jeschke, Barnim, G.,
Konfliktmanagement und Unternehmenserfolg, Gabler Verlag, Wiesbaden 1993.

Kast, F.; Rosenzweig, J.,
Organization and management, Tokyo 1984.

Kellner, Hedwig,
Projekte konfliktfrei führen, Hanser Verlag, München 2000.
Kurztitel: Projekte konfliktfrei führen

Kellner, Hedwig,
Konflikte verstehen, verhindern, lösen. Konfliktmanagement für Führungskräfte, Hanser Verlag, München 2000.
Kurztitel: Konflikte verstehen

Keplinger, Wolfgang,
Erfolgsmerkmale im Projektmanagement, in: Zeitschrift Führung und Organisation, Heft 2/1992, S. 99-105.

Kessler, H., Winkelhofer, G.,

87

Projektmanagement. Leitfaden zur Steuerung und Führung von Projekten, Springer-Verlag, Berlin-Heidelberg-New York 2001.

Kiechl, Rolf,
Wirksam Konflikte lösen, in: Management-Zeitschrift Industrielle Organisation, Heft 59/1990 Nr.7/8, S. 47-50.

König, Eckard,
Soziale Kompetenz, in: Gaugler, E.,& Weber, W.,(Hrsg.): Handwörterbuch des Personalwesens, Schäffer-Poeschel Verlag, Stuttgart 1992. S. 2046-2056.

Königswieser, Roswitha,
Konflikthandhabung, in: Kieser, E.,(Hrsg.), Handwörterbuch der Führung, Schäffer-Poeschel Verlag, Stuttgart 1995, S. 1240-1246.

Korndörfer, Wolfgang,
Unternehmensführungslehre: Einführung, Entscheidungslogik, soziale Komponenten, Gabler Verlag, Wiesbaden 1995.

Kratz, Helmut,
Kommunikation, in: Chalupsky, J.; u.a., Der Mensch in der Organisation, Dr. Götz Schmidt Verlag, Gießen 2000.

Kratz, Helmut; Sundermeier, Ralf,
Konflikte in Gruppen- Chancen zur Leistungssteigerung und zum Lernen oder Blockade im Arbeitsprozess? in: Der Mensch in der Organisation, Dr. Götz Schmidt Verlag, Gießen 2000.
Kurztitel: Konflikte in Gruppen

Kratz, Helmut; Sundermeier, Ralf,
Strukturen und Prozesse in Gruppen-Gruppendynamische Einflussfaktoren auf Leistung und Zufriedenheit, in: Der Mensch in der Organisation, Dr. Götz Schmidt Verlag, Gießen 2000.
Kurztitel: Strukturen und Prozesse

Kraus; Westermann,
Projektmanagement mit System, Gabler Verlag, Wiesbaden 1998.

Krüger, Wilfried,
Grundlagen, Probleme und Instrumente der Konflikthandhabung in der Unternehmung, Dunker& Humblot, Berlin 1972.
Kurztitel: Konflikthandhabung

Krüger, Wilfried,
Konfliktsteuerung als Führungsaufgabe, Verlag Moderne Industrie, München 1973.
Kurztitel: Konfliktsteuerung

Krüger, Wilfried,
Organisation der Unternehmung, Kohlhammer Verlag, Stuttgart 1994.
Kurztitel: Organisation

Krüger, Wilfried,
Projektmanagement und Führung, in: Kieser, E.,(Hrsg.), Handwörterbuch der Führung,
Schäffer-Poeschel Verlag, Stuttgart 1995.
Kurztitel: Projektmanagement und Führung

Kurpicz, Bernhard; Richatz, Dirk,
Ganzheitliches Projektmanagement als Mittel zur Organisationsgestaltung, Heider Verlag,
Bergisch Gladbach 2001.
Leonard, Dorothy; Straus, Susaan,
Im Widerstreit der Ideen zur Innovation, in: HAVARD BUSINESS manager, Heft 2/ 1998,
S. 27-37.

Lippmann, Eric,
Umgang mit Konflikten als Führungsaufgabe, in: Steiger, Th.; Lippmann, E., Handwörter-
buch angewandte Psychologie für Führungskräfte, Springer Verlag, Berlin 1999.
Kurztitel: Umgang mit Konflikten

Lippmann, Eric,
Konfliktmanagement als Führungsaufgabe, in: Management-Zeitschrift Industrielle
Organisation, Heft 69/2000 Nr.3, S. 26-29.
Kurztitel: Konfliktmanagement

Liska, F.,
Faktor Mensch im Projekt, in: Reschke, H.; Schelle, H., (Hrsg.), Beiträge zum Projekt-mana-
gement-Forum 91, München 1991.

Litke, Hans, D.,
Projektmanagement- Methoden, Techniken, Verhaltensweisen, Hanser Verlag, München
1993.

Lomnitz, G.,
Muss der Projektleiter auch Projektleider sein? in: Reschke, H.; Schelle, H.; Schnopp,
R., Handbuch Projektmanagement, Köln 1989.

Lumma, Klaus,
Strategien der Konfliktlösung, Windmühle Verlag, Hamburg 1988.

Madauss, Bernd J.,
Handbuch Projektmanagement, Schäffer-Poeschel Verlag, Stuttgart 2000.

Marr, Rainer; Stitzel, Michael,
Personalwirtschaft - Ein konfliktorientierter Ansatz, Verlag Moderne Industrie, München
1979.

Mayrshofer, Daniela,
Konflikte nutzen im Projekt- Synergien erreichen durch gezielte Projektteamentwicklung, in:
Schulz, Armin; Pfister, Christine, (Hrsg.), Strukturwandel mit Projektmanagement, GPM,
München 1996.

Müller-Bader, Peter,
Konflikt und Leistung, Dissertation, Verlag Florentz, München 1977.

Neubauer, M.,
Krisenmanagement in Projekten. Handeln wenn Probleme eskalieren, Springer Verlag, Berlin 1999.

Oechsler, Walter A.,
Konflikt und Konfliktmanagement, Dissertation, Augsburg 1974.
o. V.,
Projektmanagement- Fachmann, Hrsg. RKW / GPM, Eschborn 1998.

Pfeifer, Barbara,
Konflikt und Stress im Projekt. Eine organisationspsychologisch- pädagogische Feldstudie über Projektmanagement, Dissertation, München 1989.

Pfetzing, K.,
Moderation, in: Chalupsky, J.: u.a., Der Mensch in der Organisation, Gießen 2000.

Pfetzing, Karl; Rohde, Adolf,
Ganzheitliches Projektmanagement, Versus Verlag, Zürich 2001.

Pohl; Witt,
Innovative Teamarbeit- zwischen Konflikt und Kooperation, Sauer Verlag, Heidelberg 2000.

Reiß, Michael,
Führung, in: Reiß, M.; Corsten, Betriebswirtschaftslehre, Oldenbourg 1999.

Regnet, Erika,
Konflikte in Organisationen, Verlag für Angewandte Psychologie, Göttingen 1992.
Kurztitel: Konflikte

Regnet, Erika,
Grundlagen der Führung, in: Domsch, Michel; Regnet, Erika; Rosenstiel, Lutz von,
Führung von Mitarbeitern, Schäffer- Poeschel Verlag, Stuttgart 1995.
Kurztitel: Grundlagen der Führung

Regnet, Erika,
Wie gehen Manager mit Konflikten um?, in: Management-Zeitschrift Industrielle Organisation, Heft 65/1996 Nr.3, S. 35-38.
Kurztitel: Manager und Konflikte

Rosenstiel, Lutz von,
Organisationspsychologie, Kohlhammer Verlag, Stuttgart 1995.

Rosenstiel, Lutz von,
Motivation im Betrieb, Rosenberger Fachverlag,
Leonberg 1996.

Schlick, H. Gerhard,
Projektmanagement- Gruppenprozesse- Teamarbeit, Expert-Verlag, Renningen 1996.

Schmidt, Götz,
Methode und Technik der Organisation, Dr. Götz Schmidt Verlag, Gießen 2000.

Schnorrenberg, Uwe; Goebels, Gabriele,
Risikomanagement in Projekten, Vieweg Verlag, Braunschweig/Wiesbaden 1997.

Scholl, Wolfgang,
Grundkonzepte der Organisation, in: Schuler, Heinz, Organisationspsychologie, Hans Huber Verlag, Bern 1993.

Scholz, Christian,
Projektkultur: Der Beitrag der Organisationskultur zum Projektmanagement, in: Management-Zeitschrift Industrielle Organisation, Heft 3/1991, S. 143-150.
Kurztitel: Projektkultur

Scholz, Christian,
Personalmanagement, Verlag Vahlen, München 2000.
Kurztitel: Personalmanagement

Schwarz, Gerhard,
Konfliktmanagement, Konflikte erkennen, analysieren lösen, Gabler Verlag, Wiesbaden 1999.

Schwarze, J.,
Informationsmanagement, Herne 1998, S. 24.

Seifert, Joseph W.,
Gruppenprozesse steuern, Gabal Verlag, Offenbach 1995.

Seiwert, Lothar J.,
Kommunikation im Betrieb, in: Gaugler, E.,& Weber, W.,(Hrsg.): Handwörterbuch des Personalwesens, Schäffer-Poeschel Verlag, Stuttgart 1992, S. 1126-1139.

Simon, Hermann,
Unternehmenskultur und Strategie, FAZ-Buch, Frankfurt am Main 2001.

Smith, Karl, A.,
Project Managements and Teamwork, McGrawHill Verlag, Boston 2000.

Spalink, Heiner,
Führung als zentrale Steuerfunktion im Projektmanagement, in: Steinle, C.; u.a., Projekt-management, FAZ Verlagsbereich Buch, Frankfurt 1998.

Spisak, M.,
Konflikte in Organisationen, in: Steiger, Th.; Lippmann, E., Handwörterbuch angewandte Psychologie für Führungskräfte, Springer Verlag, Berlin 1999.

Staehle, Wolfgang H.,
Management, Verlag Vahlen, München 1999.

Starke, Frederick, A., Sexty, Robert, W.,
Contemporary Management in Canada, Prentice Hall Canada 1992, in: Mayrshofer, Daniela,
Konflikte nutzen im Projekt- Synergien erreichen durch gezielte Projektteamentwicklung, in:
Schulz, Armin; Pfister, Christine, (Hrsg.), Strukturwandel mit Projektmanagement, GPM,
München 1996.

Thom, Nobert
Grundlagen des betrieblichen Innovationsmanagements, Hanstein Verlag, Königstein 1980.

Thun, Friedmann Schulz von,
Miteinander reden- Störung und Klärung I, Rowohlt Taschenbuch Verlag, Hamburg 2001.

Titscher, Stefan,
Konflikte als Führungsproblem, in: Kieser, E.,(Hrsg.), Handwörterbuch der Führung,
Schäffer-Poeschel Verlag, Stuttgart 1995.

Toemmler-Stolze, K.,
Konfliktbewältigung als Führungsaufgabe, in: Personalführung, Heft 9/1994, S. 838-843.

Ueberschaer, Norbert,
Mit Teamarbeit zum Erfolg- So gestalten sie effizient die Zusammenarbeit im Unternehmen,
Hanser Verlag, München 1997.

Ury, L. William; Brett, M. Jeanne; Goldberg, B. Stephan,
Konfliktmanagement, Campus Verlag, Frankfurt 1991.

Vedder, G.; Behner, R.,
Konfliktmanagement als kritischer Erfolgsfaktor, in: Organisationsentwicklung,
Heft 4/99, S. 4-15.

Verma, Vijay, K.
Conflict Management, in: Project Management Handbook, Jossey-Bass Publisher,
San Francisco 1998.

Vetter, H.,
Projektmanagement, in: Steiger, Th.; Lippmann, E., Handwörterbuch angewandte
Psychologie für Führungskräfte, Springer Verlag, Berlin 1999.

Wahren, Heinz-Kurt,
Zwischenmenschliche Kommunikation und Interaktion im Unternehmen, Walter de Gruyter,
Berlin 1987.
Kurztitel: Zwischenmenschliche Kommunikation

Wahren, Heinz-Kurt,
Gruppen- und Teamarbeit im Unternehmen, Walter de Gruyter, Berlin 1994.
Kurztitel: Gruppen- und Teamarbeit

Welp, Cornelius,
Auf die Nase, in: Wirtschaftswoche, Heft 9, 21.02.2002, S. 143-147.

Wiedemann, P.; Kessen, S.,
Mediation, in: Organisationsentwicklung, Heft 4/1997, S. 52-65.

Wild, Jürgen,
Betriebswirtschaftliche Führungslehre, in: Wunderer, R., BWL als Management und
Führungslehre, Schäffer-Poeschel Verlag, Stuttgart 1995.
Witt, Matthias M.,
Teamentwicklung im Projektmanagement, Dissertation, Deutscher Universitätsverlag,
Wiesbaden 2000.

Wolff, G.; Göschel, G.,
Führung 2000. Höhere Leistung durch Kooperation, Wiesbaden 1987.

Wunderer, R.; Grunwald, Wolfgang,
Führungslehre-Kooperative Führung Band I+II, Walter de Gruyter, Berlin 1980.

Wurst, Katharina; Högl, Martin,
Führungsaktivitäten in Teams: Ein theoretischer Ansatz zur Konzeptionalisierung, in:
Gemünden, Hans, Georg; Högl, Martin, Management von Teams, Gabler Verlag, Wiesbaden
2000.

Zielasek, Gotthold,
Projektmanagement als Führungskonzept, Springer Verlag, Berlin 1999

www.ingramcontent.com/pod-product-compliance
Lightning Source LLC
Chambersburg PA
CBHW020844210326
41598CB00019B/1971